家族というリスク

山田昌弘

勁草書房

R
FAMILY
S
K

keiso shobo

はじめに――家族の戦略的思考のすすめ

「いままでと同じやり方ではうまくいかない」

これは、ベストセラー『チーズはどこに消えた』を始めとして、今の日本の政治、経済や経営状況を語るときに、いやというほどお目にかかるフレーズである。経済－社会システムの転換の中で、今までの経営姿勢を続けていたのでは企業が生き残ることは難しくなっている。サラリーマンも今まで通りの働き方ではリストラされても文句は言えないといった状況である。さらに、小泉内閣の誕生によって、政治・行政の世界にも、従前のやり方が通用しなくなることが認識されつつある。

実際に、どれだけの企業やサラリーマンが行動変化を起こし、政治改革が進むかどうかは、今後を見なければ分からない。しかし、多くの経営者、サラリーマン、政治家や官僚が、今まで通りではうまくいかないという「危機感」を感じていることは確かである。

家族の領域でも、経済・政治領域の変化に呼応して、いままでと同じやり方でうまくいかなくなる状況が生まれている。しかし、どれだけの人が家族の先行きに関して「危機感」を感じているのだろうか。

私は、家族社会学の講義をする時、まず最初に、学生に脅しをかけることにしている。「君たちの親の世代は、九五％の人が結婚し、離婚は少なかった。だけど、人口学者によると、今の二〇歳の人は、二〇％の人が生涯未婚で、結婚した人の三割は離婚すると予測されている。この教室に、五〇人位学生がいるが、うち、一〇人は一生未婚で、離婚する人が一二人出てくるんだ」と言うと、学生は、オレじゃない、私ではないはずと、周りを見回す。結婚して離婚しない予定の二八人も、男性が主に生計を支え、女性が家事・育児をこなして一生を終わるという、いままで通りの家族形態を辿る人は、数えるほどしかいないだろう。男性サラリーマンの終身雇用、年功序列制はゆらぎ始めている。たとえ、結婚したとしても、夫だけの収入で一生ゆとりのある暮らしができる人は、一割もいないのではないだろうか。

講義の後に感想を書かせると、「今までは、時期が来れば自然に結婚できて、かわいい奥さんになって、子どもが大きくなったら、母親のようにボランティア活動しようと思ってましたが、山田先生の講義を聴いて、これは考え直した方がいいのではないかと思いました」と書いてくる女子学生や、「オレ、結婚できるか心配になった」と書く男子学生も出てきた。多くの学生は、私の講義を聴く前は、なんとなく「今まで通りの家族の生き方でうまくいくはず」と思っていたようだ。

今まで通りのやり方で家族の幸せを実現しようとしても、うまくいく保証はまったくなくなっている。それは、現代日本社会において、家族生活が、「リスク」を伴うものになっているからである。

結婚したくても相手がみつからないリスク、結婚しても離婚するリスク、夫が失業したり、収入が低下するリスク、親が介護状態になるリスク、子どもが結婚しないまま家に残り続けるリスク、高齢期にゆとりある生活ができなくなるリスクなど、今後、家族生活を送る上で様々なリスクが待ちかまえている。もちろん、これらのリスクは、三〇年前にも存在していた。しかし、戦後、経済の高度成長期には、これらのリスクは、無視できるほど小さかったのだ。だから、家族について、深く考えることなく「結婚して、男性の収入で豊かに暮らして、ゆとりある老後を送る」という期待をもっても、間違いではなかった。

今の若者でも、このような生活を送る人も中にはいるだろう。しかし、現在の社会情勢を考えると、これらのリスクに出会わないで一生を終えると思えるのは、よほどの楽観主義者に違いない。

しかし、私がインタビュー調査を行っていると、危機感を感じてよい人ほど、脳天気で、家族生活の現実について何も考えていないという印象をもった。結婚できないはずはない、結婚したら離婚するはずはない、親が長期間寝たきりになるはずはない、夫の収入が少なくなるはずはないというように、根拠のない希望的観測を述べる人がけっこう多いのだ。

危機感を感じてよい人たちとは、「パラサイト・シングル（親に生活を支えてもらいリッチな生活を送る独身者）」、「フリーター（学卒後も定職に就かない人）」、そして「専業主婦」である。「私は収入の高い男性と結婚できるはず」と信じてシーズンごとに海外旅行に出かけるパラサイト・シングル、「いつでも（永久）就職できるから」とファースト・フード店でアルバイトしながら、楽で面白い仕事を探し続けるフリーター、「夫の収入が低くなるはずはない」とカルチャーセンターやテニススクールにせっせと通う専業主婦。彼らは、結婚できないリスクや、就職できないリスク、夫がリストラされるリスクなどなにも考えずに毎日を送っている。

「いままで通りで大丈夫」と言えればよいのだが、現在の状況では、パラサイト・シングル、フリーター、専業主婦の生き方は、極めてリスキーなものになりつつある。理想的な人を待ち続けたまま四〇歳を迎えてしまい、親が弱り住宅が老朽化して途方に暮れるパラサイト・シングル。自分にあった仕事があるはずと転々とバイトを変え、結局、一生単純労働者として終わるフリーター、夫がリストラされて、子どもの教育、住宅ローンはどうなるのとあわてふためく専業主婦、冗談ではなく、今後、このようなケースは増えていくだろう。

自己責任だから、そんなやつらは放って置けと言えればよいのだが、その人数を考えるとそうも言えない。親同居未婚者は、約一〇〇〇万人（すべてがパラサイト・シングルというわけではない）、フリーター約一五〇万人（旧労働省調べ、リクルート社では三〇〇万人以上と推計、フリーターの約八割は親同居未婚者）、専業主婦は約八〇〇万人（パート主婦を加えれば、一二〇〇万人）いるのだ。中年のパラサイト・シングルやフリーターが増え、専業主婦家族のローン破産による破綻が始まると、将来の日本社会に深刻な影響を及ぼしかねない。これらの問題は、日本社会全体の問題として考えていかなければならない問題なのだ。

本書のⅡ、Ⅲ、Ⅳ部で、それぞれのライフスタイルが、本人にとっていかにリスキーで、どのような社会的影響をもたらすかを論じている。

たとえ、結婚できて、仕事をしていても、今まで通りの家族生活の仕方でうまくいくとは、限らない。今、日本社会に生じている家族生活の変化は、単に、家族形態や経済生活の問題だけではなく、愛情生活の部分にも及んでいるからだ。

戦後、家族は愛情の場であると認識されるようになった。しかし、家族の愛情は、自然に発生するモノではない。Ⅴ、Ⅵ部で詳しく述べるが、「給料を稼いで妻子の生活を豊かにするのが夫の愛情」「子どもに楽をさせることが親の愛情」といった高度成長期に確立した夫婦や親子の愛情のあり方が、時代遅れのモノとなっている。愛情の表現方法も、「いままで通り」ではうまくいかずに、リストラクチュアリングが必要となっているのだ。

家族をめぐる経済状況をみても、愛情のあり方をみても、今まで通りのやり方でうまくいくとは限らない。すると、これからは、家族生活においても、戦略的思考が必要になってくる。家族生活において様々なリスクが発生する可能性がある。こうなったらこうする、ああなったらこのように対処するというように、家族のリスクマネージメントをしながら将来設計を考える時代になったのだ。私は、親同居未婚者一般を非難しているわけではない。結婚したらこうする、結婚しないときはこのように対処すると考えて、毎日の生活を組み立てている親同居未婚者をパラサイト・シングルとは呼ばない。「いつか結婚して夫に養ってもらうから、それまで楽しんでおこう」と結婚できない自分を想像しないで、何も考えていないパラサイト・シングルを問題だと思っているのだ。

このような戦略的思考をもってはじめて、家族生活に希望が生まれると私は思っている。社会心理学者ランドルフ・ネッセの「希望は、努力が報われるという見通しがあるときに生じる」というフレーズを本書の中で、最低一〇回は引用している。一九九九年にネッセの論文に出会ったことで、最近の家族生活の変化に対する私の見解がすっきり整理できた。人間が希望をもって生き生き生活するには、「努力が報われる」という感覚が必要である。今まで通りの家族生活が続くと期待する人々、典型的には、パラサイト・シングルやフリーター、専業主婦に代表される人々は、この希望という感情から最も遠ざけられているのだ。今の社会では、現実を見つめ、戦略的思考で家族生活のリスクマネージメントを行ってはじめて、家族に希望がもてる時代になったと思っている。

本書が、今後、希望あふれる家族生活を送る上で、「役に立つ」ものであることを切に願っている。

家族というリスク／目次

V　カップル・夫婦はどこへ行く　179

I　家族という絆・家族というリスク

「選択的な絆」がはらむ可能性と問題

1　家族という絆

個人化の時代と言われている。家族の絆が弱まっているとも言われる。しかしながら、人々が家族的「絆」を求める欲求は、決して弱まっていない。

ここでいう絆とは、「長期的に安定した信頼できる関係性」と定義しておく。経済的には、困ったときには助け合うというセーフティーネットであり、心理的には心の拠り所と表現することができる。孤独が好きな人もいる。しかし、多くの人々は、信頼できる人間関係を作りたいと願い、持ち続けたいと思う。

あえて、家族的絆と呼ぶのは、社会が近代化された後、このような関係性は、親子や夫婦などの「制度的家族」が供給してきたという事情による。

制度的家族とは、血縁や法律でつながっている関係であり、選択不可能で解消が難しいという特徴がある。親は子を、子は親を選ぶことはできない。夫婦は一度選択してしまえば、解消に大きな困難が伴う。イヤでも切ることが難しい不自由な関係性ということができる。しかし、制度的家族と絆の関係は微妙である。

伝統社会では、絆はイエやムラ、親族などの共同体が提供し、宗教が下支えしていた。日本では、明治時代までは、死亡率や離婚率が高く、親子や夫婦は、長期的に安定した関係と言えなかった。それゆえ、家族を包み込む共同体が生活を保障し、安心できる心の拠り所として機能していたのである。その代わり、人々は、ムラの掟に従うなど、絆を維持するための不自由を甘受していた。

社会が近代化され、共同体から離脱する自由を獲得したとき、人々は、安定した信頼できる関係を小規模な家族に求めた。そのためには、平均寿命が延び、乳児死亡率や離婚率が低下し、親子や夫婦が長期的に安定した関係になっている必要がある。その条件は、日本では、戦後の経済高度成長期に満たされた。ほとんどの人は結婚し、子どもを産み育て、離婚は少なかった。家族が、生活保障の場と心理的拠り所を提供した。制度的家族を作り維持することが、絆を保持することとイコールとみなせたのである。

すると、家族が絆の象徴となった。親密な友人を、「家族のような」関係と形容したり、企業が被従業員家族の一生の生活を保障するシステムを家族的経営と呼んだりするのは、絆と家族関係が同一視された結果に他ならない。しかし、この同一視は、近代になって生じたものであることを念頭に置く必要がある。

2　絆を選択する

制度的家族と信頼できる関係性（絆）が一致しない機会が増えたのが、現代社会の特徴であり、様々な問題を生み出す原因となっている。

離婚や家庭内離婚の増加にみられるように、愛し合って結婚したからといって、信頼関係が永続するわけではない。児童虐待や親殺しなどにみられるように、親子が必ずしも信頼できる関係であるとは限らない。現実を直視する機会が増え、マスコミなどでの事件報道が増えるにつれ、家族だからと言って、自動的に「絆」が形成されるわけではないという認識が深まっている。

一方で、同性愛カップル、事実婚、グループホームに一緒に住む人、ペットをかわいがる人のように、制度的家族から離れた所に「絆」を求めようとする人が出現してきた。彼（女）らは、ことさら、自分たちの関係こそが「本当の家族」であることを強調する。つまり、絆を家族と読み替えているのである。これらの関係は、新たな家族のかたちとも言えるが、正しくは、制度的家族と絆が分離した形態なのである。

もう一つの現代社会の特徴は、家族を作らなければ満たせなかった欲求が、家族なしでも果たせるようになったことにある。電化製品が普及し、コンビニができ、女性の就労が一般化し、福祉制度が整ってきた。（少なくとも大人にとっては）経済的生活をするために、家族は必要ではなくなっている。また、一緒に遊んだり、セックスしたいといった心理的欲求も、わざわざ家族を作らなくても満たすことができる。絆がなくとも、とりあえず、生活に不自由することはない。

この事態はかえって、純粋な「絆」自体の重要性を浮かび上がらせる。人々が求めているものは、単なる欲求の満足ではなく信頼できる関係性そのものであることがはっきりしてきた。

絆と制度的家族、欲求充足という三つの領域が分離しはじめていることによって、われわれは、絆を築く上での可能性と困難性に直面することとなる。

イギリスの社会学者ギデンズは、人間関係が制度的拘束から解放されたからこそ、純粋な関係性を築く可能性が拓けたことを強調する(1)。確かに、共同体や家族という拘束的関係から離れて、自由に絆を結ぶ相手を選択できることは、一種の解放に違いない。イヤだと思う関係を無理して続ける必要はなくなり、これと思う関係のみを絆として選び取ることが可能になる。

しかし、選択された絆は、永続性を保証されない。前近代社会では共同体が、近代社会では制度的家族が、絆の存続を保証していた。現代では、個人は、絆を作り、保つための努力が要求されるようになる。同時に、絆を一時的に失う覚悟（ギデンズ）も求められる。

そして、絆が自由に選択できる社会は、自分が絆を結ぶ相手として選択されない可能性が高まる社会と言うことができる。例えば、結婚願望が強いのにもかかわらず、未婚者が増えているという日本の現状は、結婚したいと思う相手からは選択されず、自分の眼中にはない相手から告白されるという事態が広範に生じているのも一因である。

また、絆を結ぶ能力を仮に「コミュニケーション能力」と言うならば、その能力の格差が様々な問題を生み出しはじめている。選択されずに、絆から排除される人が出てくる。パートナーが得られない、子どもに見捨てられるなど、大人なら自己責任に帰すこともできよう。しかし、児童遺棄や虐待などの例を見れば、親に選択されない子が現実に存在している。事が経済的格差や生活の保障ならば、福祉などで社会的に対処することはできるが、「絆」自体を社会が作り出すことはできない。子どもやコミュニケーション能力の弱者に対して、信頼できる関係性を保障する方策を社会的に考えなくてはいけない時期にきている。

注

（1） Giddens, Anthony, 1992, *The Transformation of Intimacy*, Polity.

家族の不確実性の再来

1　家族のゆらぎの本質

世紀末を迎える現在、家族のゆらぎの本質がはっきりと姿を現わしている。家族が問題であるように見えるのは、家族が次の二つの矛盾した方向に引き裂かれつつあるからだ。

①　家族的なるもの（信頼できる関係性）を求める欲求の強まり

②　家族の不安定性（不確実性・不公平性の増大）という現実

家族を求める欲求は、弱まっていない。弱まるどころか求める家族の理想的基準がますます高くなっている。一方、現実の家族をめぐる状況は、不確実かつ不公平なものになっている。つまり、本人にとって理想的に思える家族はなかなか手に入りにくくなっている。この理想的家族を求める欲望の高まりと不安定化する家族の現実、この理想と現実の乖離が、現代家族の様々な問題を作り出している。このメカニズムを明らかにすることが現在の家族論の課題であるとともに、乖離を埋める手だてを考えることが、二一世紀に生きる私たちの課題になっている。

2 家族を求める欲求の強まり

個人主義が強まっていると世間では言われている。しかし、家族を研究している私の目から見れば、人々が家族を捨てて、家族を作らない生き方を求めているわけではない。

統計的には、確かに単身世帯という家族と一緒に住んでいない人が増えている。しかし、現実には、家族を求めても得られない人、家族を失った人、そして家族と離れて暮らす人が増えているのが実情である。

また、家族を形成しなかったり解体させるライフスタイル（独身、事実婚、離婚など）が、もてはやされているようにみえる。しかし、その内実を見てみると、伝統的家族の形態とは異なった形で、人々は何かしらの家族的な関係を求めているのである。

家族的なものを拒否し、孤独を求める人は存在する。しかし、そのような人々は、出家や隠棲、独身主義者という形で昔から存在していたのであり、現在増えているという証拠はない。

結婚しない人々について見てみよう。近年、日本では、結婚する人が少なくなっている。平均初婚年齢、未婚率が上昇し、二〇歳以上の未婚（独身）者は、一五〇〇万人にものぼる。だからといって、その多くが独身主義者というわけではない。近年よく行われる未婚者の意識調査をみても、

「いずれは結婚したい」と回答する人は、九〇%前後で安定している。つまり、結婚希望を持っているが、相手が見つからないか、事情があって結婚していない人が大多数なのだ。

また、二〇歳から三四歳までの未婚者のうち、男性六割以上、女性八割以上が親と同居している。結婚していないからと言って、現に「家族」と離れて生活している一人暮らし者は、未婚者の中でも少数派なのである。

確かに、結婚を拒否する人々も未婚者の一割、だいたい人口の一〜二%程度存在する。ただ、「結婚したくない」という中身も検討しなくてはならない。法的に未婚者に分類される人の中には、夫婦別姓を望んだり戸籍制度に反対して結婚届を出さないカップルがいる。彼らは、家族を拒否するから結婚届を出さないのではなく、彼らの考える家族的関係が、従来の制度的スタイルとは合わないだけなのだ。事実婚（非婚カップル）を精力的に調査している善積京子の調査結果を見ると、結婚届を出さないがゆえに、お互いの関係を保とうとする努力を欠かさない（善積京子『近代家族を超える』青木書店、一九九七年）。同じ意味で、同性愛カップルも、制度的家族とは別の形での「家族的関係」を形成しているとみなせる。愛情関係という観点から見ると、非婚カップルや同性愛カップルの方が、家庭内離婚している制度的夫婦よりも、よほど「家族」らしい関係を形成しているという一見転倒した見方もできるのだ。

また、結婚をしたくないという女性の中に、夫はいらないが子どもは欲しいという人もいる。欧米では、実際に、人工授精などを利用してパートナーなしで子どもを産み育てるケースも多くなっており、日本でも出てきた。結婚していない人が増えているからといって、それが、家族的関係の拒否の増大を意味するわけではない。

今度は、離婚をみてみよう。現在、先進諸国では離婚が増大している。日本も例外ではなく、一九九九年には、離婚数は二五万組に達し、結婚数のほぼ三分の一となっている。さりとて、離婚が「家族関係の拒否」に直結しないのは、未婚の場合と同じである。配偶者とは別の相手と再婚するために離婚するというケースは多く見られる。その結果、離婚した夫婦の一方が、パートナーがいない状況になることはあるだろう。また、離別後に再婚を望まない人であっても、子どもとの関係を大切にしたり、自分の親元に戻ったりなど、夫婦以外の家族的関係を保つ人も多い。

このように考えると、未婚者、離別者が増えているにしても、完全に家族的関係から切り離されている人はそれほど多くなく、家族的関係を求めない人は更に少ないであろうことが推定されるのだ。

では、ここで何度も繰り返された「家族的関係」を定義しておかなくてはならない。長期的に安定している信頼がおける関係性、切ろうとしてもなかなか切れない、切られる心配が少ない、そのような関係性を家族的関係と呼んでおくことにする。ここでの「信頼」とは、関係が一方的に切られることがないという確信（確実な期待）としておく。

多少ともセクシュアリティーを含んだ家族的関係を夫婦、カップルなどと呼び、生殖に基づいた家族的関係を親子と通常呼ぶ。しかし、長期的に安定した関係性は、夫婦（カップル）、血のつながった親子に限るものではなく、きょうだい、友人関係などセクシュアリティーを含まない関係で形成される場合もあるだろう。また、私が分析したように、ペットを家族とみなす人々も出現している（江原由美子他『ジェンダーの社会学』新曜社、一九八九年）。これも、単なる比喩ではなく、ペットとの長期的信頼関係に「生きる意味」を求める人々がいるという意味で画期的なのである（ペットが飼い主を家族と見ているかどうかは疑問だが）。

長期的に安定している関係性に求める内実はとりあえず問わないことにする。ある人は親密な関係、ある人はセックスの相手、ある人は家の跡継ぎ、ある人は世話をしてくれる人、ある人は経済的な扶養してくれる人を求める。また、ある人は、これらのすべての内実を求めるかもしれない。その人が関係に求める欲求が何であっても、家族的関係自体を求める上位の欲求が存在し、それは弱まってはいないというのが、私の議論の前提にある。

では、人はなぜ、長期的で安定的な関係性を求めるのかという問いが立てられるだろう。人間は、単に個人的欲求を充足するだけの存在ではなく、生きていく上での「意味」を求める存在である。その意味を、長期的に安定的で信頼できる関係の上に築くのが人間の本性だと仮定しても間違いあるまい。心理学者が、信頼でき安定した関係性が、人間の心理的安定のために不可欠であることを説くのも、この仮定を裏づける。

近代社会においては、人生の意味の世界の中核を担うのが「家族」なのである。

そして、近年、家族的関係性を追求する欲求が強まっているようにみえるのは、家族が長期的に安定的でなくなっているのが原因である。家族が安定的である時は、家族に何を求めるかが関心の的であって、家族自体の存在は、当たり前のものとして、追求の対象にはならなかった。

しかし、現代日本の状況は、それとは、逆になりつつある。性欲は家族を形成しなくても満たせるようになった。家事サービスも、コンビニや家事サービス業などが利用できるようになれば、家族なしでも満たされる。職業的に自立する女性が増えれば、扶養する夫は不可欠な存在ではなくなる。一方、長期的で信頼できる関係性自体を求める欲求は、それが求めてもなかなか得られなくなったから、追求すべきものとして表面化したともいえる。個々の欲求は満たすことが可能となる。だからこそ、個々の欲求を超えた家族的関係自体が欲望の対象として意識されるようになったのだ。

家族が得にくくなった理由は二つある。一つは、制度的な家族的関係が、安定的でなくなったからであり、もう一つは、期待する家族的関係性の内実に対する欲求水準が高くなったからである。この点を次節で検討しよう。

3　家族の不確実性の再来

現代日本では、実態として、長期的に安定的な家族関係が得られにくくなっている。今、二〇歳くらいの人では、二〇％程度の人が、一生結婚しないと推計されている。また、結婚したとしても、離婚経験率が三〇％程度まで上昇するとの推計もある（廣嶋清志「結婚と出生の社会人口学」目黒依子・渡辺秀樹編『講座社会学2・家族』東京大学出版会、一九九九年)。結婚を望んでも結婚できない、たとえ、結婚したとしても永続しない確率がかなり高くなる時代に突入しているのだ。不安定化するのは関係自体だけではなく、家族の経済的基盤も危うくなる。経済の構造転換が言われる中、日本の家族の安定を支えていた、終身雇用や年功序列賃金制度が維持できなくなり、年金制度の維持も疑問視されている。二一世紀日本社会は、「家族不確実化の時代」と名づけてもよい状態なのだ。

実は、家族関係が不確実であったのは、近年だけではない。近代以前の社会では、家族関係は極めて不安定であった。それゆえに、本論のタイトルを家族の不確実性の「再来」としたのである。

まず、死亡率が高かったことが第一の要因としてあげられる。子どもの死亡率が極めて高かった。また、親の方も死亡率が高く、成人するまでに両親とも生存している確率もそれほど高くなかった。この事情は夫婦からみても同じで、死別という形で、夫婦関係の終結は早く到来した。

また、日本では、戦前の離婚率はかなり高かったし、江戸時代では離別はそれ以上に頻繁に行われていた。夫婦関係が永続する関係だとはとても思えない状況だったのだ。親子関係も不確実であったことは、同じである。子どもができない夫婦も多かったし、夭折して、成人まで育たない場合も多かったのである。

離婚や、死別、無子夫婦が多かった反面、戦前の日本社会では、再婚、養子縁組みなどが頻繁に行われていた。家業を営むため、そして、家を継がせるために、人は変わっても、血縁がなくても、機能的に「家族関係」が求められ、供給されたのである。

戦前までの日本社会では、個々の家族関係は不安定で不確実であった。しかし、個々の関係を超えた永続するものとして、家、同族団、ムラなどの、共同体が存在していたのである。個々の家族が不安定であっても、共同体に所属してさえいれば、生活は可能であった。親が早く亡くなっても、近隣の人や親戚などが面倒をみることが多かった。離別した女性は、通常、実家に戻って、また再婚していった。実の子どもができなくても、子どもを養子に迎え、家を続けることができた。そして、永続する（ように考えられた）共同体の中に、生きる意味、安心できる存在を見いだせたのである。

つまり、個々の関係（夫婦、親子）は安定的ではなかったが、それを包み込む共同体的集団が安定しており、個人の経済生活、心理的安心を支えていたのである。

戦後日本社会（近代家族の時代）は、家族の観点から見れば、共同体が崩壊し、家、同族、ムラなどの代わりに、家族関係（夫婦、親子）が長期的で信頼できるものとして位置づけられた時代と言うことができる。

生活の単位も、心理的な拠り所も、「小規模な家族」となったのである。それが可能だったのは、単位としての核家族（親子＋夫婦）が、関係的にも、経済的にも安定していたからである。

まず、戦後、死亡率が低下し、子どもが成人するまで両親が生きている確率が高まった。また、親からみた子どもが成人する確率も大幅に高まった。子どもは、成人するまで親が亡くなることを心配せずに生活できるし、子どもが自分より先に亡くなることを予想する親はほとんどいなくなった。親子関係が長期的に安定したものになったのである。

夫婦関係についても、配偶者が高齢前に死亡する確率が低下し、離婚確率も減った。高度成長期に結婚した夫婦の離婚経験率は、一〇％程度であったのである。夫婦関係も長期的に安定したものとなった。

その小規模な家族を支える経済的基盤のほうも、安定化した。戦後、景気が拡大し、被雇用者が増え、人手不足も重なり、終身雇用制度、年功序列賃金体系が普及し、「サラリーマン＝専業主婦」型の家族が安定的なパターンとして定着した。農業や自営業家族であっても、政府や業界の保護的施策によって、経済的に安定した生活を営むことができた。

同時に、家族生活自体が人々の生きる目的になった。家族＝愛情の場イデオロギーが普及し、家族の中で愛情を実感することが、家族の目的となった（拙書『近代家族のゆくえ』新曜社、一九九四年）。そして、「夫は仕事、妻は家事・育児で一生懸命働いて、豊かな生活を築き、よりよく子どもを育てる」ことによって、愛情を実感するというシステムが普及したのである。

結婚して家族を形成して、子どもを育てさえすれば、経済的安定のみならず、心理的拠り所であると同時に生き甲斐を与える対象としての家族が同時に手に入ったのである。家族という欲求と、その実現可能性が一致する時代だったのだ。

しかし、一九七三年のオイルショックによって、高度成長経済が終焉を迎えると共に、生活の安定の基盤であった「男性の長期安定雇用」及び「男性の実質収入が徐々に上昇する期待」が危機にさらされる。女性がサラリーマンと結婚したとしても、その生活基盤が保証されるとは限らなくなっているのは、昨今の状況をみればあきらかだろう。

一方家族関係の方は、家族（長期的に安定的な信頼のおける関係）に「求める」種々雑多な欲求水準上昇の圧力にさらされる。

結婚しない人の増大は、まさに、相手を選り好みしているという事実の結果である。「誰でもかまわない」なら、結婚問題は起きない。高度成長期には、未婚者の結婚相手への欲求水準はそれほど高くなかった。結婚しさえすれば、生活水準が上昇して、豊かになれるという期待があるので、多くの人は結婚していたのである。

離婚や家庭内離婚も同じ枠組みで解釈できる。配偶者はお互いの役割を果たしていればよい存在ではなくなって、コミュニケーションやセクシュアリティーに基づく親密性が要求されるようになる。親密でなくなった関係は解消して、別の親しくなる可能性がある相手を探そうとする人々が増え始める。

つまり、妥協して結婚したり、結婚したら少々イヤでも続けようとする、つまり、「諦める」人が減っているともいえる。これは、男女の交際機会が増大するにつれ、「魅力の自由競争」が現実のものになり始めているからである。これは、親子に関しても似たような状況になっている。子どもが成人後、親に経済的実力か人間的魅力があれば関係が続くが、どちらもないと、関係はすぐ疎遠になることからもわかる（宮本みち子・岩上真珠・山田昌弘『未婚化社会の親子関係』有斐閣、一九九七年）。

その結果、魅力がある人は家族関係が保てるが、その反面、魅力がないために、相手から選ばれない人、ある程度の魅力はあるのだけれども相手に対する期待水準が高すぎる人は、家族関係を求めても得られ難くなるのである。

その結果、冒頭に述べたように、近年、日本では、家族の不確実性が「再来」している。結婚する可能性は減り、結婚できたとしても、離婚確率が高くなる。その結果、子どもをもつ確率も減っている。しかし、家族の不確実性の「再来」といっても、戦前と同じような状態になったわけではない。戦前は、生活の拠り所であり、同時に、心理的拠り所である「共同体」が安定した上での、家族関係の不安定であったのだ。

経済的生活の安定性に関しては、個人的に、社会的に対処が可能である。たとえ、どのような家族形態をとっても、また家族を形成できなくなったとしても、そこそこの生活が可能なように、男性は仕事能力に加えて家事能力、女性は家事能力に加えて仕事能力をつければよい。また、福祉社会が発展し、最低限の生活が保障されている上に、公的介護保険や私的疾病保険などによって個人生活をリスクヘッジできる環境も整えることができる。

しかし、問題は、増大する長期的に安定的な関係が築けない人々の「心理的拠り所」の方である。経済的資源なら、税金や社会保険によって再配分できるし、セーフティーネットも構築可能だ。しかし、関係的資源だとそうはいかない。魅力ある人から魅力の一部を拠出して分配することは不可能である。家族においては、選ぶ人が同時に選ばれる人だからだ。それゆえに、家族に疎外された人々の中から、伝統宗教に回帰したり、新興宗教に走ったり、ペットという擬似的拠り所を求める人も出てくるのだ。

いや、たとえ、結婚（パートナー）相手が見つかった人、子どもが得られた人であっても安心はできない。それが、長期的に安定的で信頼できる関係であるという保証はない。常に関係を見直し、それが自分にとって、相手にとって、満足のいく関係であるかを点検する必要があり、そうしなければ、関係が破綻する可能性が高まる。家族関係を維持するコストが高まってきたのだ。「心理的拠り所の再構築」、家族に関する二一世紀の最大の課題の一つがここにある。

家族というリスク

1　家族がセーフティネットとはならない時代

「いざという時には、家族がなんとかしてくれるはず」という考えでは、やっていけない時代になってきた。寂しいかもしれないが、これが、豊かな社会における家族の宿命である。

次の二つの例をみてみよう。いずれも、近年の新聞やテレビ報道から採ったものである。

①神戸震災後、住んでいたマンションが倒壊した高齢夫婦が、マンションを購入しようとしたが十分なローンを組めない。そこで親子リレーローンというのがあるというのを知り、別のマンションに住んでいる息子に頼みに行ったが、断られた。息子の言い分は、自分だってマンションのローンを抱えている。その上、親のローンまで負担すると、子どもたちの教育費が出ないというものである。これから住む所をどうしようというところで、この投書は終わっていた。

②某大手証券会社が倒産した当日、結納で婚約相手の家に行った男性社員が結納先で倒産を聞き、即時婚約を解消された。テレビのインタビューでその元社員は、「こんな状況になっちゃったんだから仕方ないですね」と答えていた。

社会がまだ豊かでなかった時代、経済の高度成長期までは、家族はセーフティーネットの役割を十分果たしていた。それは、家族は、最低生活の保障に最も適合的な制度だからである。とりあえず、食べられればよい、雨露がしのげればよいという時代には、いざという時に、家族が衣食住の最低の面倒を見ることはできたし、大きな負担にはならなかった。

しかし、経済の高度成長期を経て、社会が豊かになり、ほとんどの人が中流意識をもつ現代では、最低限の衣食住だけあればよいというわけにはいかない。また、社会福祉制度の発達により、最低限の生活なら、家族に頼らなくても、政府や自治体が面倒みてくれる。

冒頭の例に戻ろう。ここに登場する人々は、生活に困っているわけではない。中流の生活、今よりましな生活をしたいと思っているだけである。面倒を見なければ相手が飢え死にしてしまうというのではない。①の例では、自分の中流の生活水準や子どもの教育費を削ってまで、親の中流生活実現のための援助はできないという息子の気持ちは、わからないでもない。また、②の例では、愛情があるからといって、失業者と一緒に苦労して暮らしたいと思う（専業主婦志向の）女性はまず

図 1　老親扶養意識の国際比較

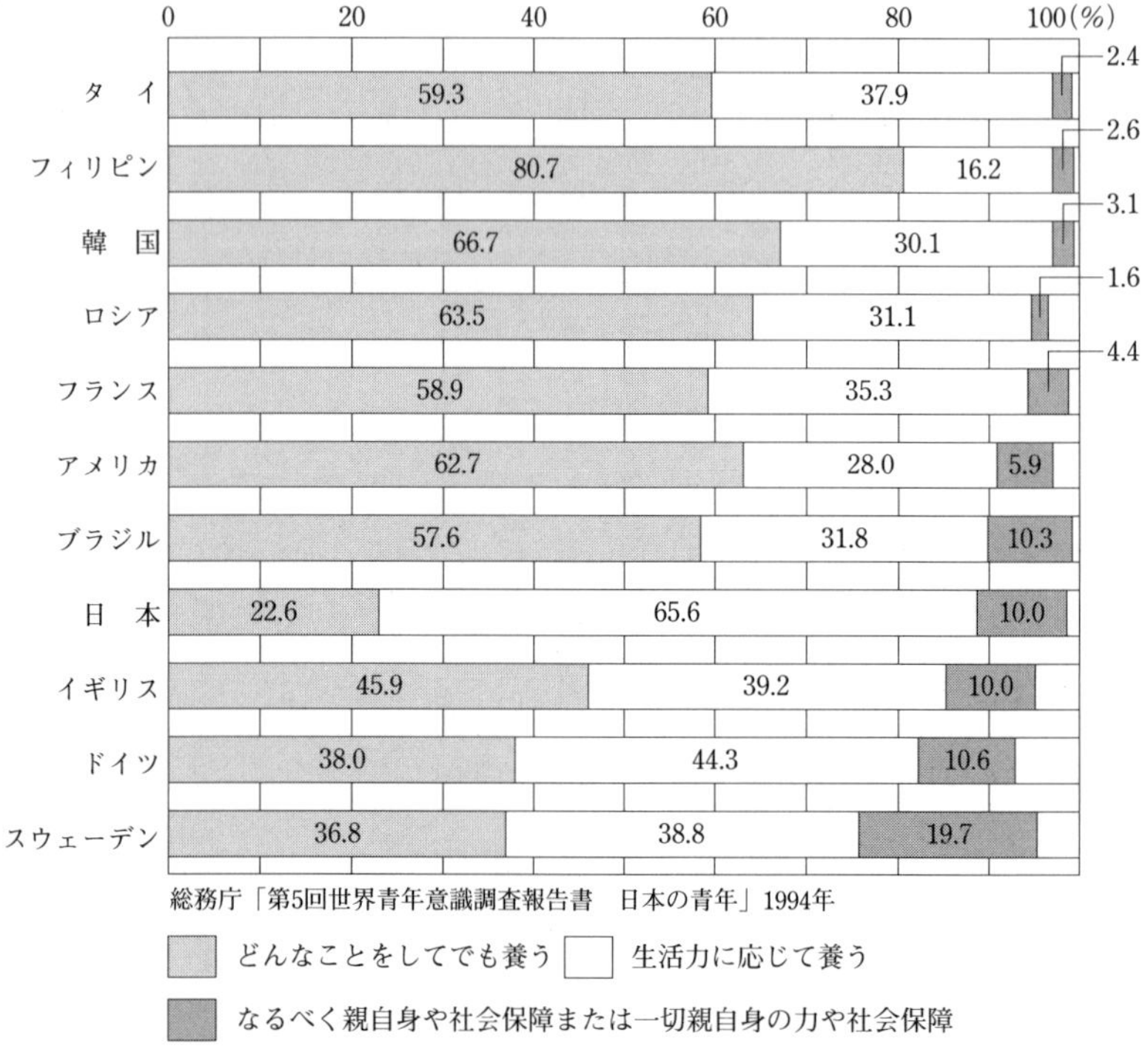

総務庁「第5回世界青年意識調査報告書　日本の青年」1994年

いない。

　血縁や愛情があるからといって、自分の中流生活を捨ててまで、他の人の中流生活を実現するために尽くす人はめったにいないということである。今、日本で問題になっている「少子化」、「未婚化」も同じ理由で解釈することができる。いくら子ども好きでも、四、五人育てるとなると、生活水準が大きく低下する。たとえ好きな異性がいても、結婚して生活水準が落ちるのは嫌、と考えているうちに、子どもの数が少なくなり、結婚する人が減っていくのだ。

このような議論をすると、「どんなことがあっても親に尽くすべき」「愛情があれば、貧乏でも幸せのはず」という反論ができる。しかし、現実は、現実である。「せめて、今ある生活水準を保ちたい」という意識は非常に強いのだ。例えば、青年の老親扶養意識の国際比較調査では、「どんなことをしても養う」と回答した日本青年は、二三・六％と最低だった（図1）。だからといって、日本の青年が冷たいと考えてはいけない。「生活力に応じて養う」というのは、自分たちの中流生活が守られる限り援助しよう、逆に、自分の生活水準が低下するようならあきらめてもらうという態度である。これも、日本社会が中流化し、豊かになった結果なのである。

2　家族というリスク

家族は、セーフティーネットにならないだけでなく、リスクフルな存在になりつつある。先に説明した未婚化や少子化は、まさに、家族を形成することが「リスク」をともなった出来事になったことを示唆している。結婚すれば、生活が安定するといったのは、昔のこと。現代の未婚成人の多く（男性六割、女性八割）は、私がパラサイト・シングル（寄生独身者）と名づけたように、親と同居して、豊かな生活を送っている。二人で生活を始めるのは、豊かな生活を送るという観点から見ると、リスキーな選択となっている。たとえ、未来の夫が一流企業に勤めていても、生涯中流生活が保障されているとはいえない世の中になっている。また、子どもを多く産みたいと思っても、将来の収入増の見通しがない中、教育費がかかる子どもを何人も産むのは、リスクを伴った選択になってしまった。

逆に、経済の高度成長期までは、家族を形成しない方が、リスクが高かった。親は貧しく、きょうだい数が多く、女性の給与水準が低い時代には、女性にとって、結婚して専業主婦になった方が、豊かな生活を送れる確率が高まる。まさに、女性にとっては、結婚が生活保障であり、セーフティーネットであったのである。また、社会保障が整っていない時代には、たくさん子どもを育てることが、高齢になったときのリスク回避の最大の手段だった。また、教育熱は低く、子育ての教育コストも低かった。子どもが中卒で独立すれば、何人育てても、負担にはならなかったろう。頼るべき子の数が多ければ、セーフティーネットが広がる。また、平均寿命が短く高齢者の生活水準も高くなかったので、息子・娘にとっても、扶養が必要な高齢の親を短期間抱えることが生活水準を大きく低下する要因にはならなかったのだ。

豊かでない時代の「生活リスク」は、家族の外部から来た。つまり、家族の収入の低下、もしくは、喪失というのが、家族生活のリスクである。つまり、家族の外からの収入が途絶えることが、家族生活を危機に晒す唯一の要因であったのだ。

現代社会の生活のリスクは、家族の内側から来る。それは、大きく二つに分けられる。

ひとつは、自分に依存してくる家族メンバーが増えるというリスクである。これは、家族を形成

（結婚や出産）したり、今まで元気だった家族が依存者になったり（要介護、要扶養となる）、一緒に生活したり（親の再同居）することによってもたされる、生活水準の低下である。

一人当りの生活水準が上昇してしまったので、もう、最低限の衣食住を保障すればよいというわけにはいかない。となると、家族の「数（特に要介護、要扶養、要保育者の数）」が生活水準を決める要因になってしまう。子どもが一人増えただけで、一人当りの生活水準は大きく低下する。中流生活のシンボルとして、子ども一人一人にお金をかけざるを得なくなっているからだ。また、世話が必要な要介護者を抱えると、生活水準が大きく低下することは否定できない。

第二には、「家族が解体する」というリスクである。離婚や成人した親と息子・娘との関係の問題である。一度、家族を形成したからといって、それがいつまでも続くとは、限らない。夫婦だからといって、嫌いになる場合がある。また、親子だからといって、子が成人後、援助してくれるとは限らない。親子だって、「嫌いに」なったり、関係が疎遠になることがある。

つまり、夫の収入や妻の介護、子どもの援助をあてにしても、「嫌われたら」頼ることができないという状況になっている。「嫌われるかもしれない」というリスクを考慮に入れなければならない時代になったのだ。実は、もっと深刻なのは、「嫌いになる」というリスクの方である。嫌いになったとき、嫌いなまま家族生活を続けることは、つらいことである。とはいえ、家族を解体させると、「中流生活」ができなくなる。心理的に心地よい生活をとるか、経済的に心地よい生活をとるかというジレンマに晒される。

以上示した家族生活を送る上でのリスクの増大は、多くの家族が中流生活を送るようになったから生じたものである。生活が豊かになったからこそ、その豊かさを脅かすリスクに配慮しなければならなくなったのだ。

3 リスクの管理と保険の変化

このような家族の変貌は、「保険」の考え方の変化をもたらさざるをえない。

経済の高度成長期までは、家族がセーフティーネットの機能を果たしていた。その時代のリスクは、家族の収入減、喪失である。終身雇用制が確立し、離婚率がたいへん低い時代には、それは、一家の稼ぎ手（多くの場合、夫）の死というリスクに他ならない。だから、生命保険というのは、家族というセーフティーネットを守るために不可欠なものとして、日本社会に広がり、定着した。

社会が豊かになると、家族はセーフティーネットどころか、逆に、生活リスクを作り出す要因になりつつある。稼ぎ手の死というリスクがなくなったわけではない。しかし、中流生活を送るためには、先に述べた二種類のリスクが問題になってくる。

最低限の生活は、国家福祉が保障してくれる。しかし、今まで中流生活を送っていた人が、衣食住さえ確保できれば満足というわけにはいかない。

第一のリスク（家族で要保護者が発生する）ということに対しては、介護保険や入院保障保険など、

「個人」の生活を保障する保険ができてきた。要保護者が突然生じても、その負担をカバーするという発想である。それと同じように、結婚保険や出産保険ができればよいのだが、商品として成立しないだろう。スウェーデンのように国家単位の社会保険の整備が望まれる。

第二のリスクに対しては、どのような対応が可能だろうか。昔、「離婚保険はできないか」というエッセイを書いたことがある（『家族のリストラクチュアリング』新曜社所収）。離婚したときの生活保障にお金が出れば、嫌いになった人と無理に一緒に生活する必要はない。しかし、結婚した直後に離婚の心配をするカップルはいないし、離婚しそうになったら加入する保険など商品として成り立たない。これらのリスクを回避するためには、せいぜい、夫婦や親子の関係をよくするように普段から心がけておくしかない。

それよりも、生活を家族に頼らないという生き方が普及してくれれば、また、状況は変わるだろう。個人が自分の生活に責任をもつ。その自立した個人同士が、絆を深め合う。不幸にして嫌いになったら、別の相手を捜す。そのような方向に家族が進めば、楽しい家族生活を送ることが可能となろう。そのとき、個人の中流生活を保障するものとして、保険の役割はますます高まるに違いない。

家族の変化と生活設計の危機

1　家族のゆらぎの本質

標準的家族モデルという前提

従来の日本社会の高齢化にともなう政策や提言の多くが、家族形態や人々が辿るライフコースが、安定しており、壊れるはずはないという前提のもとで組みたてられている。ある程度の年齢で結婚し、夫が家計を支え、妻は専業主婦か子育て後パート程度の仕事をし、子どもを二、三人育て、六〇歳くらいで引退し、年金生活に入り、子どものうち少なくとも一人は利用可能な所（同居、近居）に住んでいて、夫が先に倒れ亡くなるという前提である。これを標準家族モデルと呼んでおこう。

年金制度、税制、住宅政策など、さまざまな制度がこの標準家族モデルが基礎になっている。何か制度の改変の提言などがある時も、必ず標準家族モデルの負担がどのように増えて、どのように減るのかという点について議論される。

標準的家族モデルから外れる形態は、必ず「例外」として扱われる。結婚しなかった人、離婚した人、子どもがいない人、未婚で子どもを産んだ人、夫婦二人でフルタイムで働く人などは、標準的な形態とはみなされない。

標準的形態、標準的ライフコース以外の形態、ライフコースは、社会制度にとって、いわば、「あってはならないこと」とみなされているのである。あってはならないことが、生じたら、それは、「本人の好き勝手」もしくは「不運な事故」と解釈される。

離婚や未婚の母、独身主義者など、意図的に標準的形態から外れる人々に対しては、その人が勝手にやったことだから、どんな不幸な結果が生じても、社会が責任を負うべきものではないとされる。遺族年金はあるのに、離婚年金など存在しない。離婚したらどういう老後の生活設計が可能なのかという点については、モデルもなければ、提言さえもされない。夫が亡くなり、妻がフルタイムで働いていた場合でも、夫の遺族年金の方の額が妻の厚生年金より相当高ければ、遺族年金を受け取ることになるが、その場合は、妻は「働き損」となる。つまり、夫の収入が高い時妻が働くのは好き勝手だから、その努力は評価する必要がないというのが、現在の制度の主旨なのである（これは、雇用制度にもあてはまる。終身雇用が標準だから、それから外れ、転職した人には、勝手にやったことというレッテルが貼られ、年金等不利な取り扱いをされても、文句が言えないような仕組みになっている）。

一方、欲しくても子どもができなかった、夫が、病気、事故等で亡くなったなど、自分の責任で

表１　従来の日本社会における基本的家族政策システム	
標準的家族モデル	社会保障制度
不慮の事故による例外的ライフスタイル	社会福祉制度
勝手に選んだ例外的ライフスタイル	何の対応も保障もしない

なく、標準的家族形態から外れた人々に対しては、「不運な事故」というレッテルが貼られ、「かわいそう（社会的弱者）である」という評価が下される。その場合は、救貧的な福祉制度の対象になる。社会福祉であるから、生活レベルが最低水準にならない限り、社会から手は差し伸べられない。中ぐらいのレベルの生活を送っていて、このような不運な事態に出会ったら、中流生活を維持したままでは、社会のサポートを受けられない。あくまで、最低レベルに落ちて、「弱者」と周りからみなされない限り、福祉や社会サービスの対象にはならないのである。

標準的家族形態を維持しようとする人には、政策、世間の目はやさしく、標準的形態から外れる人に対しては、最低レベルに生活が落ちない限り、冷たい。これが、現在の日本社会（制度）が家族に対してもつ基本的な考え方なのである。

理想的家族関係の前提

家族を安定的だとみなす前提は、形態やライフコースだけでなく、家族の内実にまで及んでいる。これは、形態の前提よりも根本的な仮定である。

それは、「困った人が家族の中にいれば、自分を犠牲にしても困った人のために尽くすはず」「家族は一緒にいるだけで、暖かくて精神的にやすらぐはず」という前提である。裏返すと、家族がいなかったり離れていたら不幸に違いないという前提になる。これらを、理想的家族関係の前提と呼ぶことにする。

いくら、形態やライフコースが標準的であっても、家族関係がよくなければ、生活設計は成り立たない。夫婦が離婚せず一緒に住んでいても、嫌いあって、夫が生活費を渡さなかったり、妻が家事・介護をしないケースがあれば、老後の生活は不安であろう。また、心理的側面でも、夫婦一緒にいることがストレスであれば、家族形態を保つこと自体が、精神的健康に反し、生きがいを失わせるかもしれない。子夫婦と同居していても、折り合いが悪かったり、介護を拒否されるかもしれない。

家族に関する制度、政策提言などでは、家族関係が悪いことはありえないことを前提に、制度や議論が組みたてられていることは言うまでもない。家族でありさえすれば、「自然と」情愛が生じ、困ったときは助け合い、一緒にいれば生きがいが生じるはずという神話があるのである。

高齢期の家族生活にあてはめれば、誰か家族の高齢者が要介護になれば、配偶者や子（娘、嫁など）は喜んで、自分を犠牲にして、サポートし、介護したくなる心理状態になるはずだという前提である。

だから、家族関係が理想から外れる場合は、やはり「例外的事態」、「病理的形態」とみなされるのである。一方では、家族はプライベートだから、家族関係が良くも悪くも個人の責任としてまったく干渉はしないことを原則としながら、家族関係がよいことを前提として制度が組みたてられている。配偶者や子がいても、いや、いるからこそ、寝たきりになった時、配偶者や子に嫌われていたら、それで、一生の終わりである。いくら、経済的に恵まれていても、人生の最終期を、幸せに暮らすことはできないだろう。

つまり、現代日本社会では、家族関係が悪くなることを想定していないから、家族関係悪化によって生じた不都合に対しては、社会（政策、世間）は、何のサポートもしないし、解決策やモデルさえも提示しない。家族関係が悪くなったら、自己責任でなんとかするかあきらめるしかないのだ。

逆説的だが、理想的家族関係とみなされる家族に対しては、政策も、世間の目もやさしく、家族関係が悪化した家族に対しては冷たい。これが、日本社会の現実なのである。

標準的家族システムのもとでの生活設計――「祈り信じること」

標準的家族モデル、理想的家族関係が前提として組みたてられている社会制度のもとで、高齢期の家族に関してどのような「生活設計」が可能だろうか。

この社会システムのもとでの、生活設計の基本の基本は、標準的家族形態、ライフコースから外れないように、努力し、気をつけ、更に、自分は標準的家族モデルで一生がまっとうできるはずだと祈り、信じることしかない。同じく、標準的家族モデルを保った上で、家族関係が理想的である

…の基本体系
シリーズ⑤

…川和昭編著

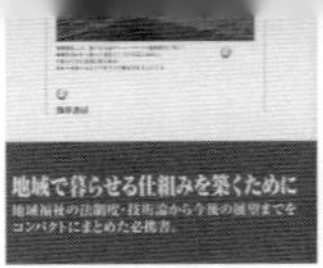

…製　定価２５２０円

…BN4-326-60193-0

変貌激しい福祉制度のなかでとくに重要度を増している地域福祉分野。その法制度・技術論から今後の展望までをコンパクトにまとめた必携書。

空間・人・移動
文学からの視線

中京大学文化科学叢書 第７輯

伊藤進・郡伸哉・栂正行

Ａ５判上製　定価３４６５円

ISBN4-326-84863-4

文学は「空間の移動」をどのように描いてきたのか？　登山、航海、農村や都市の彷徨、文化の越境、内部への沈潜など、多様な例から浮かび上がる人間の姿。

…者の変貌
…後に

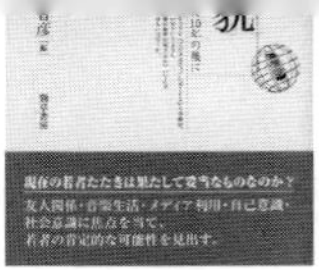

…製　定価２５２０円

…BN4-326-65311-6

不毛な若者バッシングが続いた10年、今あらためて若者の現在を実証的に検討する。否定面も肯定面も合わせて若者の変貌を捉える試み。

…教育と
…ート対策の国際比較

…堀有喜衣編

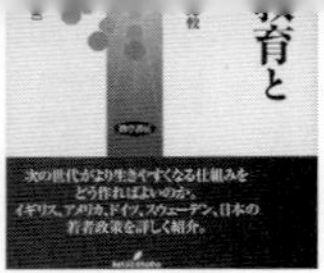

…製　定価２４１５円

…BN4-326-65314-0

イギリス、アメリカ、ドイツ、スウェーデンにおける若者対策の展開を詳しく紹介。キャリア教育の推進と職業能力の形成のために。

よう努力し、気をつけ、祈り、信じる以外の何ができようか。

現代日本社会を前提にすると、自分の営む家族が標準的家族モデルから外れていない限り、政府、社会は、そこそこの高齢期の生活を保証してくれる。

それゆえ、年金保険に入ったり、投資用マンションを買ったりして老後に備えたりするのは、家族が安定していることを前提にした生活設計である。標準モデルから外れてしまえば、そのような生活設計はおおむね無に帰すのである。

ある程度の年齢までには結婚し、自分から離婚しないように気をつけなければならない。子どもを二、三人産み育て、少なくとも一人は、なるべく手元に同居か近居するように仕向け、娘や息子、嫁などに嫌われないように努力しなくてはならない。つまり、自分の生活を保証し、介護してくれそうな人を家族として確保し、よい関係を保つことが、現代日本社会における「高齢期を迎える家族」の最適の生活設計なのである。

しかし、いくら気をつけても、不慮の事故は避けられない。適当な結婚相手がいない、配偶者が早く亡くなる、子どもができない、(介護してもらうことを予定していた)娘や息子が先に亡くなることなどは、気をつけていても起きてしまうことである。だからそうならないように祈るしかない。

また、配偶者が自分を嫌いになって、離婚されたり家庭内離婚のような悪い家族関係に陥るかもしれない。いくら甘やかして育てた娘、息子でも、いざ、介護という時になったら、嫌がられ、世

表 2　従来の日本社会における高齢期家族の生活設計の基本

標準的家族モデルから外れないように，努力する，気をつける，祈る，信じる
理想的家族関係を作るように，努力する，気をつける，祈る，信じる

話することを拒否するかもしれない。人間の感情をコントロールすることはできないから、そのようになるはずはないと「信じる」ことしかできない。

このような意味で、日本における「生活設計」は、常に後ろ向き、つまり、受動的であり、制度や家族を信じることによって成立しているといえよう。

現在、老後資金の準備の必要性とか、年金制度の改革などが叫ばれているが、結局は、努力し、我慢して、また、運良く標準的家族モデルを全うするであろう人々に対する政策や提言に他ならない。マクロ的には、議論は正しいかもしれないが、個々の家族にとっては、「標準的家族モデル」そして「理想的な家族関係」を維持することができるかどうかが、高齢期の家族生活を幸せなまま過ごせるかどうかの決定的な問題なのである。年金や医療の自己負担額が少々上がろうが、下がろうが、世話してくれる家族がいなくなったり、嫌われたまま老後を迎える「不安」に比べれば、微々たる問題である。

リスクヘッジとしての生命保険

政府、社会は、標準モデルから外れた人に対して冷たい。自分が弱者として認められない限り、何もしてくれないと思ってよい。弱者として認められれば、社会福祉の対象となり、日本社会の中で最低レベルの生活は保障されるが、「中流の暮らし」にはまず戻れない。

標準的モデルから外れてしまえば、「自助努力」でやるしかないのが、日本である。

それゆえ、家族を離れて、社会のサポートを受けずにやっていく相当の経済力があり、魅力があって、精神的にも自立している人のみが、「主体的」な高齢期の生活設計が可能になる。配偶者が亡くなろうが、離婚しようが、子がいなかろうが、子が遠くに別居しようが、自分で生活できるだけの経済力、家事能力があり、いつでも再婚相手（もしくは恋人）が見つかるだけの魅力があり、誰かに依存していなくても楽しく暮らせるという自信があれば、「標準的家族形態」から自由になれる。

しかし、現実には、そのような「強者」は相対的に少数しかいない。男性の多くは経済力があっても家事能力がなく、多くの女性は家事能力があっても経済力はない。それゆえ、大多数の人々は、高齢期のそこそこの生活の保障を得るために、多少の不満があっても、標準的家族形態をあえて外れようとしない。他の家族員（配偶者や息子や娘）も、同じような考えをしている（主体的に標準的形態を外れない）はずという期待がもてたのである。

このように、主体的に標準的家族から外れようとするような「強者」がいないという前提のもとでは、標準的家族形態から外れる事態は、計算可能な「リスク」として位置づけることができる。

その、最大のリスクが、主たる家計支持者、つまり、夫が高齢になる前に死亡すること、もしくは重度障害となって収入が途絶えることである。夫が高齢、つまり、年金受給開始後になくなれば、それは、「標準的事態」として処理され、「遺族年金」という形で生活が保障される。しかし、その前に亡くなっても、政府は、病死であろうが、事故死であろうが、夫がいない家族の中流生活、残された妻の老後のそこそこの生活、子どもの教育費を保証しない。

そのために、民間の「生命保険」が存在する。とりあえず、家計支持という経済的役割だけは、「お金」で代替可能だからだ。そのため、日本では、家族は家計支持者たる夫に多額の生命保険をかけていたのである。

逆に、夫の死以外のリスクは、まったくヘッジされずに、リスクとして残ることになる。子どもができないこと、そして、一方的に離婚を求められること、世話を期待していた子から実質的に見捨てられることなどは、よく発生するリスクである。しかし、それらの標準的家族形態から外れるリスクは、民間の保険によってヘッジすることは不可能である。離婚保険、子どもができないことに対する保険など、あったらいいと思うが、現実的には、モラルハザードが生じてしまって、実現不可能である（山田、一九九九、参照）。

ただ、一昔前（二〇、三〇年前を想定）は、現役時代の夫の死はよく発生するが、離婚、子どもに嫌われるなどのリスクは、あまり発生しないものだと信じられていた。信じられていたからこそ、その事態に出会ったら、「不運」とあきらめることができたのである。

2　現代家族のゆらぎと変化せざるをえない高齢期の生活設計

標準家族モデルのゆらぎ

現在、社会保障や社会制度、そして、人々が前提としている「家族のあり方」にきしみが生じている。それは、標準的家族形態、及び、理想的家族関係を当然のものとは考えられなくなっているという事態が生じているからである。

それは、高齢期の生活設計にも様々な影響を及ぼしている。

まず、形態からみていこう。マクロ統計や現実をみてみると、もう、「標準的家族形態」を標準とみなすことはできなくなっている。標準的なライフコースを辿って高齢期に突入する人は、もはや少数派になっている。

一九九九年の離婚数は二五万組を超え、結婚数の三分の一となった。近年、結婚継続五年未満の離婚だけでなく、継続二〇年以上の離婚、つまり、熟年離婚、高齢離婚が急増している。その中の何割かは再婚するにしろ、かなりの人数が、離婚したまま高齢期の生活を迎えているのである。

いわゆる、共働き夫婦も増えてきた。それも、自営業、家業手伝い型や、サラリーマン―パートタイム型（標準的家族形態の変形とみなせる）だけでなく、今後、高齢期を迎える夫婦ともフルタイム型の共働き夫婦が多くなると予想される。彼ら夫婦が、高齢期のどのような生活設計をするのだろうか。

また、近年、未婚者が増大している。五〇歳男性の未婚率は、約一〇％になった。また、日本の未婚者の多くは、親と同居している。現在、その割合は、増大している。親同居未婚者が中高年になって、親の介護が必要になったときには、息子であろうが、娘であろうが、生活のために働きながら、親の面倒を期待される状況に陥る確率が高い。そのような場合、どのような生活設計が可能だろうか。

少子化の進行によって、少なくとも一人の子（娘、嫁）が利用可能な形で手元に残るはずと言う前提は、崩れ始めている。落合恵美子国際文化センター助教授が指摘するように、現在の高齢者は、平均三・五人の子どもを産み育てている。だから、うち、一人くらいは、同居または近居の専業主婦（娘か嫁）がいるという形で、介護等で利用可能であった（落合、一九九四）。しかし、今は少子化で、平均子ども数二・二人の時代である。仕事の都合や家族の都合、そして、未婚などの理由で、必ずしも手元に近居、同居している専業主婦が確保できる可能性は確実に低下しているのである。

また、長寿化も、標準的家族モデルから外れるリスクを増大させている。平均寿命が伸びるといっても、全員が同じように伸びるわけではない。また、男性の平均寿命が女性より短いといっても、すべてのケースで夫が先に亡くなるわけではない。妻が先に亡くなったり、倒れたりするケースも増える。それだけではない。子が先に亡くなったり、要介護になるケースだって存在する。八五歳の父が六〇歳で倒れた娘の世話をしなければならないケースも出てくるだろう。

このような家族の現状をみるだけで、標準的家族から外れるリスクが十分に増大していることがわかる。しかし、それだけではない。標準的家族からずれた家族形態がここまで増えてくれば、それを「不運な事故」、さらには、「好き勝手なこと」とみなすことができなくなっているのだ。

例えば離婚をみてみよう。離婚は好き勝手なこととみなされていたが、果たしてそうだろうか。一方的に離婚されたり、配偶者の暴力など離婚せざるを得ないような状況に追いこまれるケースも増えている。少なくとも、離婚当事者の一方は「不本意」なケースである。また、お互いに嫌いあっていて一緒にいることが苦痛を伴う夫婦もいるだろう。そのような夫婦が別れることが好き勝手といえるのだろうか。

女性が働くことも同じである。「好き勝手に働いている」といわれれば、多くの女性が怒るだろう。男性に対して、好き勝手に働いているから保護も保障も撤廃すると言われたら困るのと一緒である。現在、女性の働きで得られる収入は家計を支える大きな要素になりつつあるのだ。

つまり、標準的家族形態から外れるリスクが、例外とはみなせないくらい増大しているという現実を見なければならない。

理想的な家族関係のゆらぎ

次に、理想的家族関係のゆらぎをみてみよう。

人は必ずしも理想的な家族関係をもてるわけではない。これは、あたりまえのことである。しかし、従来の家族に関する考え方では、理想的でないことはあってはならないこととされてきた。結婚したら二人は愛の絆で結ばれているはずだし、親子は必ずお互いを思いやるものとして描かれる。しかし、メディアなどで家族の愛情が強調されると言うことは、逆に、家族の愛情はもろく、壊れやすいことを示唆している。

現実を見てみると、家族の関係が理想的にいくケースはむしろ稀なのではないかと思ってしまう。一度好きになった夫婦でも、数年たつと、この人のためなら何でもするといった情熱は薄れる。中には、嫌いになるケースも出てくる。親子だって同じである。親子間で心のすれ違いが生じたり、介護したり世話したりするのがイヤだと思うケースが多くなる。いくら、今まで尽くしてきただとか、親の恩を強調しても無駄である。恩やプレゼントで人の心がコントロールできれば苦労はいらない。「イヤ」になってしまえば、その感情を消すことはできない。

むしろ、一方的に介護したり、世話することが、「心から」「いつも」うれしい、喜びだと感じるような「徳のある人」の方が珍しいのではないか。介護をしている時、喜びの瞬間を感じることがあるかもしれない、しかし、それ以上に、いやだ、やらなくて済むものならやりたくないといった感情も同時に呼び起こすのである。義理や世間体の圧力で形式的な関係は保てても、心の内側で家族への不満は増大する。

一九八〇年ごろから、家庭内離婚や家庭内別居など、中高年夫婦の情緒関係が必ずしもよくないという現実が報道されるようになる。その中の何割かは、離婚に至るだろうが、かなりの割合で、家庭内離婚状態で高齢期を迎えるケースも増えるだろう。また、不倫や同性の友人、そして、ペットなど、家族以外の存在との心の交流に喜びを感じる人もいる。人生の最後を、イヤな家族と一緒に暮らすよりも、一人、そして、他人もしくは動物と暮らすほうが幸福なケースだってあるのだ。

親子関係も同じである。「嫁―姑」関係があれほど問題になったのも、どんなに理想を述べようとも、嫁―姑関係は理想的関係になるのが難しいという現実の反映に他ならない。一九八〇年ごろから、嫁よりも娘による介護が強調され出すのも、嫁が「喜んで心から」介護するわけではなくて、世間体と夫への義理、周囲の圧力、財産への期待感などで介護していたことの証拠である。世間体という圧力がなくなると嫁の介護が期待できなくなるのである。娘でさえも、「喜んで心から」介護するとは限らない。ただ、嫁―姑よりも関係がよいケースが多いということにすぎない。それゆえ、もともと親子の関係が悪かったり、介護している中で関係が悪くなったりするケースもある。娘だからといって、理想的な親子関係が築かれるわけではないのだ。

つまり、家族だからと言って、自動的に、理想的関係が保証されるわけではない。そうならないリスクが存在している。一つは、自分が配偶者や子などに嫌われるリスクであり、もう一つは、配偶者や親や子を「嫌いになる」リスクである。その両者が、ともに、近年増大しているのである。

今後の家族と生活設計のあり方

今後の高齢期の生活設計を考えるにあたって、現代日本家族について生じていることは、次の二

表3　現代家族に生じていること
標準的家族モデルから外れる「リスク」の増大
理想的家族関係が築けない「リスク」の増大

点（表3）にまとめられよう。

このように、「家族の標準的形態」や「理想的関係」から外れるリスクが増大したのは、経済的に豊かな生活が実現し、「標準的家族モデル」や「理想的家族関係」を維持するコストが増大したからである。

長生きしたり、いやな相手と離婚できたりするのは、経済的に豊かになった証拠である。その豊かな生活を維持するためには、妻が働いたり、子どもの数を少なくしたりしなくてはならない。その結果、「豊かな生活をすること」と「標準的家族モデルを維持すること」の間に矛盾が生じ、それがそのままリスクとなって現れるのだ。

また、経済的に豊かになると、精神的な豊かさも求めるようになる。「空気のような存在」「何も言わなくても分かっている」ということでは物足りなくなり、お互いのコミュニケーションがなければ、情緒的に満足できなくなる。よい関係を保つためには、お互いの努力、そして、お互いの魅力が必要となり、いやおうなしに、理想的関係を築けないリスクが増大する。

このようにリスクが増大する中では、「標準的家族モデル」「理想的家族関係」を前提とした制度（税制、社会保障制度、福祉制度、労働慣行、世間体など）は、時代遅れになっている。標準的家族モデルを維持するコストがたいへん高くなっているのに、標準的家族モデルから外れてしまうと、制度的にたいへんに「損」をしてしまうからだ。

人間は幸せに高齢期を過ごすことが人生の一つの目標である。しかし、標準的家族モデルから外れると、それだけで「不満」をもたざるを得ない構造になっているのだ。運良く「標準的家族モデル」を保てた人の幸せを保証するために、運悪く、または、別の形を試そうとして「標準的家族モデル」から外れた人は、不満をもっても構わないということでいいのだろうか。「標準的家族モデル」を維持しようと、無理をして幸せを逃がしてしまうケースが起きているのではないだろうか。

やはり、伊田広行氏などが主張するように、個人単位の「社会保障」政策が求められる（伊田、一九九八）。どのような家族関係を選んでも、また、どのような家族関係に陥っても、「不利」にならないような公正な制度が求められるのである。具体的には、離婚しても、配偶者に嫌われていても、子がいなくても、子から世話を拒否されても、社会への貢献に応じた「世話」が受けられるようにする。また、人生最後の高齢期だからこそ、嫌いな関係を解消し、好きな人同士で暮らせることが可能な環境を作り出すべきである。現在導入されている公的介護保険は、不充分ながらも、どのような家庭環境でも、一定の介護を受けられるようになる第一歩として評価したい。

このように家族の環境が変わるなか、個人の生活設計も変化せざるを得ない。標準的モデルを維持するよう努力すれば、それだけで幸せな高齢期の生活が得られるわけではない。不慮の事態や家族に嫌われるリスクは常につきまとう。また、家族を嫌いになるリスクも生じるのである。

現行制度を前提とすると、このリスクヘッジを個人でするしかない。

家計支持者の早い死というリスクは、従来型の生命保険でカバーできる。また、自分が介護が必要になったとき、家族に頼らなくて済む民間の介護保険も充実してきた。

しかし、1節で述べたように、結婚できない、子ができない、期待していた子に実質上見捨てられる、離婚される、離婚したくなるといったリスクをカバーする保険は存在しない。せいぜい、普段から魅力をみがく、個人的経済力をつけるなど、もし高齢期に標準的家族から外れる事態になったとき、家族に頼らなくても済む、もしくは、別の親しい人を確保するための「自己の能力（家族の能力、資産ではない）」をつけるしかない。というよりも、そのような経済力、魅力等で測られる自己能力がなければ、常に弱い立場に置かれてしまう時代になっているのだ。

日本においては、自由競争、自己責任の原則は、経済領域よりも早く、家族の領域で広がるかもしれない。

参考文献

アエラ編集部編　一九九八『家族学のみかた』朝日新聞社

G・エスピン＝アンデルセン　一九九九＝二〇〇〇　渡辺雅男・渡辺景子訳『ポスト工業経済の社会的基礎』桜井書店

伊田広行　一九九八『シングル単位の社会論』世界思想社

上野千鶴子　一九九四『近代家族の成立と終焉』岩波書店

落合恵美子　一九九四『二一世紀家族へ』有斐閣
山田昌弘　一九九四『近代家族のゆくえ』新曜社
――――　一九九九『家族のリストラクチュアリング』新曜社

II　パラサイト・シングル、その後

パラサイト・シングルの時代

現代日本の若者の特徴は何かと問われれば、私は「パラサイト・シングル」と答えることにしている。

パラサイト・シングルとは、寄生独身者という意味で、一九九七年に、『日本経済新聞』で「増殖するパラサイト・シングル」というタイトルの論説（拙著『家族のリストラクチュアリング』所収）を書いたのが始まりである（当時ロングランを続けていた映画『パラサイト・イヴ』にちなんだものである）。成人しているのにもかかわらず、親と同居して、気楽にリッチな独身生活を楽しんでいる若者を、そう呼んだのである。

日本の未婚者（シングル）の典型は、一人暮らしをしている独身者ではない。二〇歳から三四歳までの未婚者のうち、親と同居している人の割合は、男性六〇％、女性八〇％に達する。

もちろん昔から、結婚まで親と同居している成人は存在した。しかし、未婚化の進展によって、その量が格段に増えているのである。驚くなかれ、一九九五年の国勢調査から推計すると、二〇歳から三四歳までの年齢層で親と同居する未婚者は男女各五〇〇万人ずつ、計一千万人いるのだ。

この何百万人にものぼるパラサイト・シングル（親同居未婚者がすべて親に寄生しているわけではないのでこのように表現した）の意識や行動が、現在の日本の経済、社会に大きな影響を及ぼし、かつ将来の日本社会のあり方に大きな影を落としているのではないだろうか。

そのような問題意識で調べてみると、いまの経済不況から、将来の不安をもたらす少子化問題、そして「夢が描けない」社会意識まで、現代社会に生じているかなりの問題が、パラサイト・シングルの増大という事実で説明できてしまうのである。

少々大げさにいうならば、現代日本社会の閉塞状況の象徴が「パラサイト・シングル」なのである。閉塞感は、現在は豊かで満足だが、将来の見通しが暗いという場合に生み出される。そしてパラサイト・シングルは、まさに「豊かな現在、将来の不安」という状況がピッタリ当てはまる存在だからだ。

一千万人のパラサイト・シングルの豊かな生活の実情をみてみよう。

1　若いうちに豊かさを味わい尽くす

まず、日本の未婚の若者（成人後三〇歳代前半ぐらいまでの未婚者をさすことにしよう）が置かれている状況が、世界的に見ても歴史的に見ても、異様なものであることを認識しておく必要がある。それは、いまの若者は驚くほど豊かな生活をしているからである。図1は、オイルショック前の一

図 1　現在の生活に対する満足度

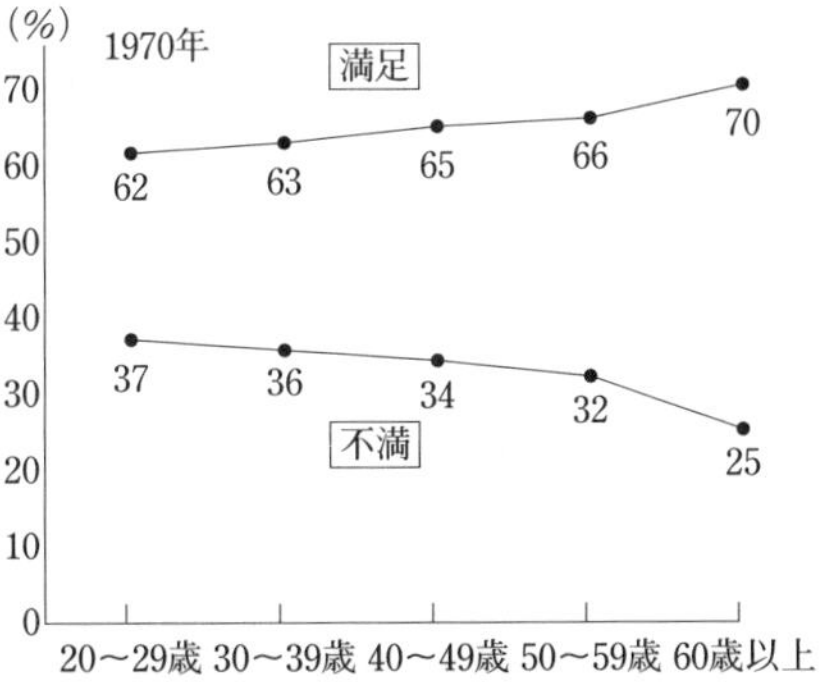

「世論調査」（総理府）昭和50年9月号より

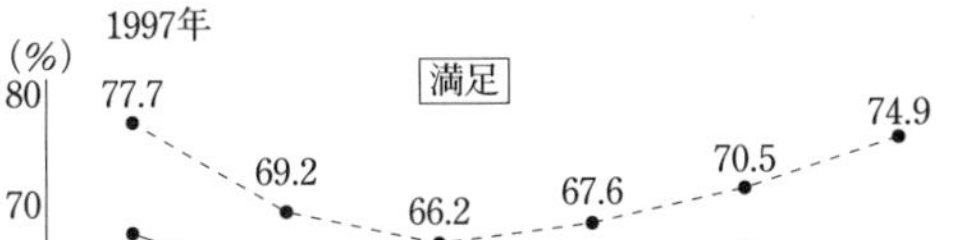

「世論調査」（総理府）平成10年3月号より
（注）満足→「満足している」＋「まあ満足している」
　　　不満→「やや不満」＋「不満だ」

九七〇年と一九九七年の世代別生活満足度を示したものである。

一九七〇年の世代別満足度は、「右肩上がり」の構造をしている。二〇歳代の満足度がもっとも低く、年齢が高くなるにつれ満足度は上昇する。このような構造のなかでは、若者は、いまの生活は苦しくても、将来、豊かに生活するという見通しがもてた。「これから先の生活がよくなっていく」と答えた二〇歳代の若者は、四七%に達していたのだ。

しかし、一九九七年のデータを見てみると、グラフがU字型をしている。それも、二〇歳代の若者の満足度がもっとも高い。四〇歳代で底になり、ふたたび上昇するが、二〇歳代の満足度には達しない。生活程度で「上」や「中の上」と答える人がもっとも多いのも二〇歳代である。

この状況が世界的にみて珍しいのは、欧米では、若者は貧困の象徴だからである。失業率は高く、収入は低く、子育て負担もあり、カップルで、またはひとりで必死に子育てをしながら、なんとか生活しているのが、欧米の若者の姿なのだ。

現代日本で、二〇歳代の若者がなぜ豊かかといえば、結婚せずに親と同居している若者が多いからである。一九七〇年に、二〇〜二九歳の未婚率は男性約七〇%、女性約四五%であった。一九九五年には、男性約八五%、女性約六五%まで上昇する。さらに、未婚者のなかでの親同居者の割合も増加しているから、パラサイト・シングルの占める率が上昇しているのだ。

親と同居しているから、住居費はいらない。食費も材料費程度（月一〜三万円）を親に渡しているだけ(1)、家事はほとんど母親任せ。いくら若者が就職難で、給料が少ないといっても、バイトで月

○万円は稼げる時代である。そのほとんどが自由に使える小遣いならば、多すぎる額である。ちなみに、二〇歳代首都圏未婚社会人の月平均小遣い額は、男性七万円、女性八万円である。一〇万円以上と回答した女性は四割に達するのだ（『若者の現在九八年版』日経産業消費研究所、一九九八年）。それだけあれば、ブランドものでも車でも、気に入ったものが買えるにちがいない。

働き盛りの中年世代がなかなか行けない海外旅行に年に何度も行けるのも、日本ならではの現象である。親から自立している欧米の青年はお金がないから、海外旅行にどうしても行きたい人は、バックパックを担いでユース・ホステルに泊る。日本のパラサイト・シングルの青年は、高級ホテルに泊り、ブランドものを買い漁るのである。

また、パラサイト・シングルはあくせく働く必要はない。基礎的生活を親が保証してくれているから、「好きなこと」ができる。親と同居しているかぎり、失業しても、生活に困ることはない。「世界の青年比較調査」で「働く目的」を聞いているが、「収入を得るため」と回答している青年は、欧米各国では七五％〜九〇％に達しているのに、日本では約六〇％にすぎない。代わりに、「仕事を通じて自分を生かすこと」という回答が他国に比べ目立って多くなっている（『日本の青年』総務庁青少年対策本部、一九九八年）。「やりたい仕事」しかしなくてよいという贅沢が許されるのが、パラサイト・シングルなのである。

若いうちに豊かさを味わい尽くす、そのような社会に日本はなってしまったのだ。この豊かなパラサイト・シングルに対して、肯定的な意見も見られる。贅沢品の需要が高まる。失業してもホームレスにならない。あくせく働かない。自分の趣味を追求したり、自分を生かす仕事を見出す姿勢など、豊かな日本社会にふさわしい生き方だとみなす考え方である。

しかし、大人になったばかりの若者がいちばん豊かで自由な生活をしていて、働き盛りの中年がいちばん苦労しているという社会が「健全」とは思えない。実際分析してみると、パラサイト・シングルの増大は、日本社会に深刻な悪影響を及ぼしはじめている。それは、経済のみならず、「活力」「やる気」といった日本人の精神構造にもダメージを与えつつあるのだ。

2　未婚化が不況に拍車をかける

まず、日本経済に与える影響をみてみよう。一千万人いるパラサイト・シングルの存在は、たしかにブランド衣料、雑貨を始めとした高級品需要を生み出している。この不況下にもかかわらず、ルイ・ヴィトン・ジャポンやエルメスなどの売上げは伸びているという。また、パソコンや携帯電話など、親同居未婚者の若者が、いかにも買いそうな商品は売れている。

しかし、パラサイト・シングルの増大は、じつは経済学でいう「有効需要」の減少を意味することを考慮にいれなくてはならない。つまり、若者が成人して一人暮らしを始めたり、結婚して新しい所帯をもてば、それだけ住宅、家電などの耐久消費財が必要になる。しかし現実には、親の住宅に住み、共同の耐久消費財を使いつづけるパラサイト・シングルが増え、一人暮らしする若者、結婚する若者がどんどん減っている。それは、親にパラサイトしなければ当然増えるはずの需要がなくなっていくことを意味する。少々の高級品需要では、埋め合せできないほどの需要が失われるのだ。

現在の日本列島総不況の原因は、人々の消費マインドの落ち込みにあるという。たしかに、バブル経済期には、買い替え需要、贅沢品需要が喚起され、家計の消費支出が増大した。しかし、［消費＝家計の数×家計の平均消費支出］であることに注意しなくてはならない。いくら消費刺激策をとって、消費マインドを上げても、家計の数が増えなければ根本的な解決にはならない。

たとえば住宅を取得しやすくしても、いままでアパートに住んでいた夫婦が購入を早めたり、いままで住宅をもっている人が建て替えを早めるだけである。一時的に需要は増えても、長続きしないのは目に見えている。住宅需要自体は世帯の数に依存するから、たとえば一千万人いる親同居未婚者のうち、一割が一人暮らしを始めるだけで、百万戸の住宅（狭いアパートであっても）需要が出るのである。一割が結婚なり同棲なり、親元から出てカップルで暮らしはじめれば、五〇万戸の住宅（2DK程度だろうが）の需要が出るのである。

つまり、いまの日本の経済状況は、パラサイト・シングルに振りまわされているといえないだろうか。豊かで気まぐれなパラサイト・シングルの動向を摑むことが、マーケットで成功する早道である。しかしいまのままでは、住宅・耐久消費財といった生活にとって基礎的な部門は縮小を余儀なくされ、日本経済全体が徐々に衰退に向うというストーリーができつつある。

まさに、パラサイト・シングルが日本経済の行く末を握っているといえないだろうか。この状況では、少数派になった夫婦と子ども二人といった「標準世帯」をターゲットにするのではなく、パラサイト・シングルに狙いを定めなければ、ほんとうの経済対策にはならないのではないだろうか。

3 少子化のほんとうの理由

いま少子化の影響が懸念されている。子どもの数が少なくなり、将来の年金負担、労働力不足など、さまざまな悪影響を日本社会に与えることが確実視されている。政府や自治体、経済団体までもが、対策に取り組みはじめている。

少子化の要因については、女性の社会進出説から子育て支援の不備説まで、さまざまな説が乱れ飛んでいるが、私は、パラサイト・シングルの増大が、少子化の直接の原因であると唱えつづけている。

調査でもはっきりしていることだが、結婚した夫婦は、平均二・二人子どもを産んでおり、この数字は二〇年間ほとんど変化していない。だから、未婚者の増大、つまり結婚を遅らせたり結婚しない若者が増大していることが、少子化の直接の原因である。

そして、未婚者とくに女性がなぜなかなか結婚しないかというと、豊かなパラサイト生活を捨てられないからである。このロジックは、さまざまなところで私が強調しているので、簡単に触れるだけにする（山田『結婚の社会学』丸善、一九九六年、宮本・岩上・山田『未婚化社会の親子関係』有斐閣、一九九七年、を参照）。

私が加わった横浜市の調査では、結婚前に一人暮らしだった人は、男女とも、結婚しても生活のゆとり度はあまり低下していないし、家事負担もあまり増えていない。一人で住むよりも、二人で住んだほうがなにかと経済的である。食事も、一人分つくるのと二人分つくるのは手間は大して違わない。しかし、結婚前に親と同居していた人は、結婚後、生活のゆとりを失い、家事負担が大幅に増えたと回答する人が多い。

つまり、一人暮らしの人は結婚の敷居が低く、親同居のパラサイト・シングルは、結婚して、二人で所帯をもつと、途端に生活水準が低下する。誰もわざわざいまよりもゆとりのない生活をしたいとは思わない。だから、日本では未婚化が進むのだ。

アメリカやヨーロッパ（南ヨーロッパを除く）で結婚や同棲が多いのは、成人したら親から自立して暮らすことを求められるからである。友達と一緒に住むケースも多いが、どうせ住むなら好きな相手と一緒にと思うのだろう。

しかし日本では、豊かな生活を捨ててまで、恋人と一緒に住みたいという人は少ないのだ。日本では、パラサイト・シングル同士が恋人として楽しめる施設がたくさんある。デートの場所には事欠かないし、お金に余裕があるから、海外旅行にいくカップルだって少なくない。何よりラブホテルやモーテルなど、自宅外でセックスできる施設が充実している。これらの施設は、欧米には原則として存在しない。なぜなら、欧米には一人暮らしでお金に余裕のない若者が多く、わざわざ高いお金を出して、ホテルに行く必要も余裕もないからなのだ。

たとえ婚約者がいるケースでも、男性の収入が高くなるまで、豊かな生活を始めるための貯金が貯まるまで、と結婚を引き延ばそうとするのもパラサイト・シングルならではである。それは、国立社会保障人口問題研究所の調査で、知り合ってから結婚するまでの期間がここ一〇年間で約一年延びていることからもわかる。

つまり、日本の将来を危うくしている少子高齢化が今後も進むかどうかは、パラサイト・シングルの行動にかかっているといってよい。

親同居未婚者が、なんらかのきっかけで一人暮らしを始め、結婚したりすれば、結婚や子どもの数は反転して増えるだろう。しかし、親の元でパラサイトしつづける人が増えたら、少子高齢化はますます深刻化するだろう。そして、社会保障の破綻という形で福祉社会の存続を脅かすのだ（G・エスピン＝アンデルセン『ポスト工業経済の社会的基礎』桜井書房、二〇〇〇年）。

少子化対策として、もっとも必要とされるのは、「パラサイト・シングル対策」なのである。

4　変革のエネルギーを失った青年

古来、青年は革新的、年配者は保守的と決まっていた。しかし、近年のさまざまな世論調査をみて思うのは、あきらかに二〇歳代の青年（とくに女性）が保守化しているという事実である。「社会を変革しよう」という意識がもっとも強いのは、いまの三〇歳代、四〇歳代である。

たとえば民法改正案で、五年別居している夫婦に対する離婚を認めるかどうかの世論調査（総理府一九九六年）で、もっとも賛成率が高かったのは、四〇歳代（男六三％、女五九％）であるのに、二〇歳代は、男五九％、女五一％に留まっている。また、経済企画庁（当時）が行なった国民生活選好度調査（一九九七年）で、サラリーマンの妻である専業主婦が年金の掛け金を納めなくてよい制度について、現行制度のままで構わないと答えたのが、二〇歳から三四歳までの年代に多く、四〇歳代後半でもっとも少なかった。もちろんこれは一例であり、若い人のほうが革新的な回答をした質問もあるが、若い人が総じて現状肯定的なことは、多くの論者が指摘している。

若者の保守化傾向は、よく考えてみれば当然である。現体制からもっとも利益を得ている世代が二〇歳代、その多くを占めるパラサイト・シングルなのである。いまの生活に満足している人々が、いまの社会を変革しようとはなかなか思わない。親元にいることによって豊かな生活が可能になっているので、親に反抗するのはその依存先を失うことになり、なかなかなされない。

日本でも、一九七〇年ごろまでは、若者の生活満足度がもっとも低かった。だから若者のエネルギーが爆発した。一部社会を混乱させた面もあり、多くの青年は挫折を経験したが、理想の社会を実現させようとするエネルギーは、社会に受け継がれ、社会が変革していくきっかけにはなったのである。

しかし、いまの青年は、物分りがよくなったというよりも、現体制を変革する理由がないから、社会変革のために動く必要性を感じないといったほうが正しい。総務庁調査により、いまの青年に望ましい生き方を聞いた質問を見てみると、「身近な人との愛情を大切にしていきたい」「その日その日を楽しく生きたい」といった選択肢に支持が集まり、「よい業績をあげる」「経済的に豊かになる」「社会や他の人のために尽くす」といった選択肢は人気がない。つまり現在の豊かさを保ちながら、そこそこ楽しい生活という「私生活主義」が浸透しているのである。

パラサイト・シングルだって苦労したり努力しているという意見を、よく聞く。たとえば、さらだたまこ著『パラサイト・シングル』というそのものズバリのタイトルのルポルタージュには、そういう人がたくさん出てくる。

しかし、努力のしどころが違うのだ。現状の豊かな生活に満足している人が求めるのは、「他人の賞賛」である。つまり、パラサイト・シングルは、他人の賞賛を求めて努力するのだ。それを考えれば、ブランドもので賞賛を期待する人、趣味を極めようとする人、人にかっこいいといわれる仕事を求めて転職する人、そして母親を専業主婦代わりに専門職に打ち込む人に区別はない。これらの苦労は、基本的な生活を保証されているという条件のもとに成り立つ贅沢な苦労なのである。

日本社会に活力を取り戻し、変革の軌道にのせるには、やはりこれから社会の中堅になっていく若い人の動向が鍵になる。私生活主義に陥り、人からよく思われることにしかエネルギーを使わないパラサイト・シングルに「やる気」をもたせ、社会の変革に向けて努力するように仕向けることが可能だろうか。社会意識の面でも、パラサイト・シングルが日本社会の将来を握っているのである。

5　必要なのは若者の自立支援策だ

平成一〇年の『厚生白書』には、「子どもを産み育てることに『夢』を持てる社会を」という副題がついている。また、総理府の少子化対策有識者会議の報告でも、この文言が使われている。これは、袖井孝子お茶の水女子大教授が指摘しているように、いまの若者が、結婚、育児に夢をもてないという現実の反映である。厚生白書などでは、出産後女性が働きつづける環境が整っていないから夢がもてないと理由づけされているが、はたしてそうだろうか。

若者が結婚や子育てに夢を見ることができないのは、いまのパラサイト生活が十分豊かで、満足しているからである。昔の日本の若者や欧米の若者が、結婚や子育てに夢をもつことができた（できる）のは、未婚生活（一人暮らし生活）が、とても豊かとはいえなかった（いえない）からである。

現在のパラサイト・シングルが夢を見るとしたら、非現実的な夢にならざるをえない。いまのパラサイト・シングル以上に豊かな生活をめざすとしたら、どうなるだろう。

専業主婦志向のパラサイト女性なら、父親以上に収入がある夫と結婚しなければならないし、キャリア志向の女性なら、尊敬できる仕事をしながら家事育児を半分以上やってくれる夫と結婚しなければならない。もし、現在の豊かな生活を捨ててもいいというくらい「素敵な異性」がいれば別だが、その異性が当人を好きになる確率はたいへん低い。

いま以上のよい生活ができるのではないかという「夢」を見ているから、パラサイト・シングルのままでいるのである。夫婦共働きで、子どもを保育所に預け、家事を分担しながら慌しく動き回る生活が、「夢」である人がいるのだろうか。いまより、ゆとりがなくなる生活を「夢」として描く人がいるのだろうか。

ある程度の妥協のできる人が、結婚して子どもをもちながら「生活のため」働いている。自立し責任をもって生活している中で、「社会のなかに自分が参加している」という健全な感覚を身につける。しかしパラサイト・シングルは、いつまでも親・社会に依存して、豊かな生活をしながら、非現実的な夢を見つづけるのだ。

ここまでパラサイト・シングルを非難することを書いてきたが、彼（彼女）らもじつは、このままでいいと思っているわけではない。インタビュー調査をすると、独立して一人暮らししてみたい、結婚してみたい、子どもを産み育ててみたいと思っている人が多いのだ。しかし、いまの生活が楽すぎて捨てられないというのが本音だろう。

また、将来のことを考えると不安が募る。いまはパラサイト・シングルの親は、まだ若い五〇、六〇歳代である。しかし親の体が弱ってくると、家事一切をやって生活費を負担していた頼りになる親が、今度は負担になる日がくる。親が亡くなれば、広い家に一人（きょうだいがいるかもしれないが）で寂しい生活になるかもしれない。だからパラサイト・シングルは、いつか理想的な人が出現して結婚できるにちがいないと、夢をもちつづけることしかできない。

つまり、ぬるま湯に浸かっていい気分だが、だんだんと冷めつつある。遠くには、温かい場所があるかもしれないと知っている。しかし、そこに行くまでが寒いからと出ようとしない。いつか湯を温めてくれる人が現れるはずという夢を抱いて待ちつづける。そのような状態にパラサイト・シングルはいるのだ。

一千万人のパラサイト・シングル——それは、日本経済の不況を下支えし、少子高齢化を導くことによって日本の福祉社会の将来を不安なものにし、社会変革のエネルギーを削いでいる。

パラサイト・シングル、正確にいえばパラサイト・シングルを生み出している社会状況を変えていくには、どうしたらいいのだろうか。私は、二つの方向からの対策が必要であると考えている。

一つは、若者の自立の支援である。いままで福祉や社会保障といえば、高齢者が主なターゲットだった。しかし、いま必要なのは、自立する若者に対する援助なのである。一人暮らししている若者に減税したり、自立しているカップルに優先的に住宅を供給したり、技能を身につけようと学校に通う一人暮らしの若者の生活に援助したりするなど、パラサイト生活を捨てても、そこそこ生活できる制度をつくることが重要である。(2)

また、雇用慣行も手直しする必要がある。年配者に手厚く、若い人に薄い年功序列の賃金慣行は、若い人の自立を遅らせている。また、若い女性の一人暮らしを阻むものは、女性に対する差別的な職場慣行である。相対的に低い賃金を始め、自宅通勤でなければ採用しない企業、男性には寮があるのに女性にはない企業、昇進が事実上閉ざされている企業、などが女性の自立を阻んでいる。

もう一つは、若者の自立を阻む親の態度の改革である。日本は、子どもの幸せのためには、なんでもするという親をつくりだしてしまった。親が、息子や娘が自立して苦労することを望まないのだ。たとえば先進国で、大学の高い授業料を親が出している国は、日本と韓国くらいのものである。成人した子どものために援助する親の存在がパラサイト・シングルの元凶である。しかし、このような意見をいうと、必ず「愛する子どもの幸せを親が願ってなぜ悪い」といわれてしまうのも事実だ。日本では、それほど、パラサイト・シングルの根は深い。

『諸君！』（一九九八年八月号）誌上で、現実の制度としては無理を承知で、「親同居税」を提唱した。一人暮らしやカップルで暮らす若者に支援を与え、豊かな親との同居者を除外すれば、実質的に「親同居税」的な効果があるかもしれない。

さまざまな手段で若者の生活を自立させる政策をとること、親が成人した子を放り出す状況をつくりだすこと、このような手段をとらなければ、日本の将来は暗いといわざるをえないのである。

注

（1）二〇〇〇年に実施された、国立社会保障・人口問題研究所の親同居未婚者の調査によると、学生を除く親同居未婚者の約1/3は、親に一円も払っておらず、残りの2/3が親に毎月渡している金額の平均値は二・八万円である。

（2） 日本は先進国の中で高齢者に対してみた場合若者に対する社会保障支出の比率は最低である。この数値が高い国（アイルランドや北ヨーロッパ）の出生率が高く、この数値が低い国（イタリアや日本）の出生率は低い（エスピン＝アンデルセン『ポスト工業経済の社会的基礎』渡辺雅男・渡辺景子訳、桜井書店、二〇〇〇年、参照）。

不良債権化するパラサイト・シングル

1　リッチなパラサイト・シングル

はじめに

学卒後も、親に基本的生活条件を依存し、リッチな生活を営む未婚者をパラサイト・シングルと呼んだ（一九九七年『日経新聞』）。パラサイトとは寄生という意味であり、シングルというのは、独身者という意味である。

典型的なパラサイト・シングルは、親に家事、雑事を任せ、親の家の一室を占拠し、収入の大部分を自分の小遣いにして、海外旅行、ブランドものを買うなど、極めて豊かな生活を送っている。そして、親は、それを許すだけでなく、リッチな生活を送ることを手伝っている。

彼らはこの不況の現在、日本、いや世界で最も豊かな層を形成している。首都圏未婚社会人の平均小遣い額が月七・五万円であり、月一〇万円以上自由にお金を使っている女性は四一％に達している（日経産業消費研究所調査、一九九八年）。自分で稼ぐ収入は少なくてもそのほとんどが小遣いとして使えるならリッチな生活ができる。家の中では子どもとして保護され、外では大人として楽しめるといういいところ取りができ、自分の働き以上の生活ができるのがパラサイト・シングルなのである。その豊かな実態、形成された原因については、拙著『パラサイト・シングルの時代』（ちくま新書、一九九九年）をご参照いただきたい。

日本では、未婚者の大部分は、一人暮らしをしていない。一九九五年時点で、二〇歳から三四歳までの未婚者のうち、親同居者は、男性約六割、女性約八割を占めている。親同居未婚者は、約一〇〇〇万人以上いる。専業主婦（約八〇〇万人）よりも多くなっている。そのすべてが私のいうリッチな生活を送るパラサイト・シングルとはいえないにしろ、相当な数であることは確かである。

少子化、未婚化の直接的原因

親同居未婚者の増大が、日本社会に様々なゆがみをもたらしている。そのゆがみの最たるものは、少子化・未婚化である。

結婚した人は子どもを産んでいる。また、確信的な独身主義者は少数である。多くの意識調査では、九割の未婚者が、「いずれは結婚したい」と回答するのである。つまり、多くの未婚者は、結婚を希望しているけれども、結婚していないということになる。

では、なぜ結婚していないかというと、結婚に期待する生活水準が高いからである。結婚に期待する生活水準が高いのは、結婚前の生活水準が高い、つまり、パラサイト・シングルの生活水準があまりにも高いからである。

ある知り合いの公務員（男性）が結婚して、公務員宿舎に入った。すると、新居を見て妻が泣いてしまったという。妻は、結婚まで家で同居し、応接セットのある広いリビング、シャワーつきの風呂、広い庭、そしてこぎれいな個室に住んでいた。しかし、若い夫婦が入る公務員宿舎は、応接セットが置けるほど広くないし、シャワーもないし、庭もない、犬も飼えない。昔なら住居費がかからない公務員宿舎に入ることは、得したという気分になれたものだが、今では、避けたい選択になっているのだ。

結婚をためらわせるのは、結婚前、親が子のリッチな生活を支え、新婚後生活水準が下がることが見込まれるという理由だけではない。インタビュー調査の中で、「私はいいのだが、子どもはかわいそう」と回答する人が多かった。つまり、子どもをよりよい環境で育てる条件が整うまで結婚しないのだ。今、子どもを「世間並み」に育てることは、大変なお金がかかる。ピアノやスイミングスクールは当たり前、乳児教室まであり、子どもの服は大人が着ているものより高いのだ。

次に問題なのは、専業主婦的ライフスタイルにこだわっている人が多いことだ。今でも、「結婚後の生活水準は、夫の収入によって決まる」という考え方をとる人が多い。すると、結婚しない層に大きな男女差が出てくる。

収入の低い男性は、妻子に十分な生活条件を整えることができない。そして、結婚時に期待する生活水準が高いので、お金も貯めなくてはならない。経済力のない人に結婚していない人が多くなる。経済力がつくまで、結婚できないと思っているのだ。

一方、女性は、親の収入が高い人に結婚していない人が多い。つまり、リッチな生活を支えてくれる男性に巡り合えなかったり、つきあっている男性の収入が上がらないから結婚しないのだ。それゆえ、親と同居して、理想的な結婚ができるまで待つ女性が多くなる。

パラサイトを許す親

なぜ、このような状況が生じているかというと、日本の親が子どもに稼ぎ以上の豊かな生活を送ることを「許している」からである。インタビューすると、「自分は若い頃、貧しくて苦労したから子どもには苦労を味わわせたくない」と回答する親が大変多い。

北西ヨーロッパやアメリカでは、成人したら自立するのが原則である。親元にいたら半人前、家のことを分担して当然、厳しく子どもに干渉する。日本でも、三、四〇年前は、自分の収入を親に全部渡して、親から小遣いをもらっていたという。欧米では、一人暮らしが多く、親元にいてもリッチな生活が許されないので、若者は親から早く独立しようとするのである。その結果、同棲が増えたり結婚が早くなるのだ。

日本の親は、自分が召使いになって、子どもをお坊ちゃんやお嬢さんに育てることに酔っている。息子に召使いのように尽くしてくれるお嫁さんや、娘にリッチな生活を保証する王子様のような婿がそうそういるはずがない。親子揃って理想的な結婚相手が見つかるまで、生活を楽しみながら待っているのだ。

2　パラサイト的親子関係がもたらすもの

パラサイト・シングルの増大が社会にもたらす悪影響は、単に少子化だけではない。社会心理的に悪影響を及ぼし始めている。若者に二重の意味で希望を失わせるのだ。

一つは、若者の間に格差が生じているという事実から、もう一つは、将来の展望がもてなくなっているという事実から生じている。

若者間の経済格差

まず、パラサイト・シングル状況は、若者の間に、自分の努力によらない経済格差を作り出す。

例えば、同じ二五歳をとってみよう。一人暮らしをしたり、結婚したりして自立していれば、収入が少ない中で、ぎりぎりの生活をしなければならない。子どもを育てていれば、収入が多少あっても、仕事に育児にと忙しい生活である。かつ、レジャーや買い物を楽しむお金や暇がない。その一方で、親と同居する若者は、仕事に就いていれば、その収入を自由に使えてリッチに生活を楽しめる。その上に、家事を親がやっていれば、時間の余裕もある。いやな仕事はやめてアルバイトでも十分に楽な生活ができる。

自立して努力する方が損をして生活はぎりぎり、一方、親がかりで依存しているだけで大した努力もせずに楽で豊かな生活ができる。このような状況で若者にやる気がでるだろうか。パラサイト・シングルは、努力してもしなくても同じ、自立している人は努力しても生活は苦しいのである。「希望は努力が報われるという見通しがあるときに生じる」のである。若者に希望がなくなる理由は、ここにある。

最近の調査で面白い結果が出た（「社会政策意識に関する調査」代表・武川正吾東京大学助教授、二〇〇〇年実施）。二〇代、三〇代の子育て中の女性に、社会保障への不信感が広がっている。例えば、「税金を上げてでも社会保障を充実させるべき」という質問に対して、他の年代の女性や、未婚女性に比べて、賛成する人の割合が格段に小さいのだ。つまり、彼女たちは社会に貢献するばかりで、何も社会からしてもらっていない層といえる。夫が乏しい収入の中から税金や高齢者のための年金を負担する。その年金は、親同居者に還元されるが、親から自立している人には何の恩恵もない。苦労して子どもを育てる。しかし、子どもが大きくなったら、その子どもは、子どもを育てなかった人に対しても、年金や税金や介護保険料を払うのだ。まさに、自立しただけ損、子どもを育てただけ損というわけである。

子育ては損得だけで判断してはいけないという人は、全財産を寄付してボランティアで子育てをしていただきたい。ある子育て中の主婦が「物質的豊かさよりも精神的豊かさだという人に限って、金持ちで楽している」と怒っていたのを思い出す。自立して子育てしている人が抱く不公平感をそのままにしておいて、精神的豊かさを説くのは、結局、楽して得をしている人たちの身勝手な言い分に過ぎない。

あるパラサイト・シングルの若者は、「今の社会で結婚して子どもを育てるなんてバカがすることだ」と言っていた。まさに、バカなことをさせられているのが、結婚し、自立して子育て中の二〇、三〇歳代の人々なのである。

努力してもしなくても同じという状況からは、消費享楽主義しか生まれない。他の先進国と異なり、日本において「今が楽しければそれでよい」と回答する若者が急速に増えている。努力したり、将来に備えても損という見通しがある以上、将来のことはどうであれ、楽しめるだけ楽しんでおこうと考えるのは当然といえば当然である。

そして、パラサイト・シングルであれば、今、苦労しなくても、楽しめる条件が整っているのである。

このような社会意識を生じさせてしまったのは、戦後日本社会が、社会に貢献する人に対してきちんと処遇せず、依存していい思いをすることが恥ずかしくないという意識が大きな影響を果たしているであろう。日本では、大企業や官公庁に勤めさえすれば一生生活できる収入が保証される。業界団体の指導を守っていれば、自営業でもそこそこやっていける。女性は、そのような男性と結婚しさえすれば、一生豊かな生活ができる。自分のやりたいことをやろうと、転職したり、業界の指導とは異なる仕方で商売を始めたり、共働きをしようとするならば、「損」を覚悟してやらなければならない。

欧米でも、豊かな社会が現実のものとなった時、停滞感が広がった。その中で、停滞感を打破するために「自立」が説かれたのである。一九六〇年代にはJ・F・ケネディはニューフロンティアを説き、一九七〇年代には、フェミニズム運動が女性の自立を促し、環境保護など新しい価値観に基づく運動が生まれた。一九八〇年代には、サッチャー、レーガンと自助努力を説く言説が広がった。その結果、若者の間には、経済的豊かさよりも、自分にあったライフスタイルを自分の力で実現するという「脱物質主義的価値観」が広がった。

脱物質主義的な価値観が受け入れられたのは、機会均等の原則、成果主義の称揚と、「自分の消費生活水準」ではなく「自分が社会に対してなした成果」が評価されるという社会風潮があったからである。結果として、社会に依存してぬくぬくしている人は評価されず、常に、自立して創意工夫をする人の方が尊敬される社会が作られた。

日本社会は、一九八〇年代、脱物質主義や実力主義とは逆の方向に社会が動いてしまった。それが、バブル経済である。そこでは、地道な努力は評価されず、株や土地の値上りで、楽してお金をもうけることがよしとされ、そして、消費をすること（どんな家に住んでいるか、どんな洋服を着ているか、何回海外旅行に行ったかなど）が評価されるという風潮を作ってしまった。まさに、日本社会は、大きな成金社会になってしまったのである。

欧米の先祖代々の金持ちは、ノーブレス・オブリージュ（恵まれたものの義務）の感覚がある。自分が恵まれているのは社会のおかげであるから、贅沢はせずに、社会に還元する必要があるという感覚である。そこで、寄付やボランティア活動を積極的に行い、子どもにも自立を促し、社会に貢献をするように言い続ける。

しかし、戦後日本に生まれた小成金は、自分の子どもに楽させ、その娘や息子は、他人の苦しみに目を向けず、自分だけが楽しむことが最優先となった。バブル経済が崩壊しても、親同居未婚者だけがバブル的な消費生活が可能になっているのである。

パラサイト・シングルの将来と不良債権化

楽してリッチな生活をしているパラサイト・シングルたちの将来が明るいわけではない。彼（女）らは、永遠に今の状態が続くことを願っている。しかし、時は止まってくれない。

親と同居して結婚しないこと自体が悪いというわけではない。中には、一生未婚を覚悟して、将来の生活設計をする若者もいる。仕事上のキャリアをつけ、親の面倒をみる覚悟をしたり、自立する計画を立てている親同居未婚者を、私はパラサイト・シングルと呼ばない。将来の生活設計をきちんと考えている若者は、親と同居していても、楽をしてリッチな生活を送らない。

パラサイト・シングルは、実現の可能性の薄い夢を持ち続け、将来設計を考えないようにしている。約二〇〇〇年前、ジュリアス・シーザーは、「人は自分の見たいことしか見ない」と看破した。

私は、生命保険文化センターの助成を受け、親同居未婚者の将来設計に関するインタビュー調査を行っている。そこで、典型的に述べられたのは、「未婚のままで中年を迎えることなど考えたくもない」という回答である。

パラサイト・シングルも夢をもつ。それは、こういう人と結婚したいという夢である。男性なら、かわいくて家事・育児をやってくれて、親の面倒を見てくれる人といつか結婚できると夢を見る。女性は、収入が高くて、家事を手伝ってくれて、見栄えがよくて、浮気しない人がプロポーズしてくれることを夢見る。結婚できない場合のことは考えない。そして、夢が実現する日が来るまで、今を楽しみ続けるのだ。

親の介護問題にしても、男性なら結婚すれば妻がやるはずだと考え、女性なら、私は次男と結婚して、自分の親は兄弟の妻が面倒見るはずだと期待している。そうでなければ、自分の親だけは、亡くなるまで元気であるに違いないと信じ続ける。

これは、バブル経済崩壊後の不良債権に似ている。企業は、いつか、株や土地が上がれば、問題は解決するはずと、現実を直視することを避け、痛みを伴った構造改革を先送りする。しかし、そうやってなにもしないでいるうちに、不良債権はふくらみ続ける。結局は、ふくらんでしまった不良債権を多大な犠牲を払って処理するか、破綻して倒産しているのが現状なのである。

パラサイト・シングルたちは、いつか、結婚したら大丈夫だといっているうちに、親は弱り、仕事ではキャリアが積めず、住宅もリフォームが必要になる。パラサイト状況は何よりも自分自身の不良債権なのである。あわてて、理想を落として結婚しようにももう誰も相手にしてくれないし、結婚したところで問題が解決するわけではない。問題を先送りするうちに、動きがとれなくなるパラサイト・シングルが今後続出するだろう。

今のパラサイト・シングルたちは、二〇代後半が中心である。しかし、今の二〇歳の人の生涯未婚率は二〇％に達すると予測されている。今後、高齢核家族、つまり、両親が高齢者で中年の未婚の子と同居する家族形態が増大するのは必然である。今から一〇年後には、パラサイト・シングルとその親をどう処遇するかという問題が生じてくるだろう。

まさに、パラサイト・シングルは、日本社会の不良債権なのだ。

3　対策はあるのか

公平で努力が報われる社会に

では、このような社会にならないためには、どうしたらよいだろうか。それは、若者の自立と努力が報われる社会にすることが最も近道である。

そのためには、

①自立する若者に対して社会的サポートをすること

②公平で努力が報われる（依存することにペナルティーを与える）社会を作ることが必要となる。

後者は、抽象的にしか述べられないので、先に述べておく。

先に、戦後日本社会が作り出した、依存主義的傾向（大きなものに依存していれば楽で得、自立すると損という仕組み）が、若者のやる気を削ぐと論じた。もちろん、この依存主義社会が、人々に生活していく上での「安心感」をもたらしたというプラスの側面は無視できない。しかし、依存して「ぬくぬく」していたほうが得という社会では、新しいものは生まれない。終身雇用、年功序列賃金、業界による画一的な指導など、安心を得る代わりにやる気を削ぐことはもう今の時代に合わないのではないか。ＮＴＴドコモでｉモードを立案した松永真理氏は「ぬくぬく人生」と「わくわく人生」を対比し、近年はリスクをおかしてでもわくわくする人生を目指す人が増えてきたと論じている。このような人々をサポートする必要があるのだ。結局は、若者の努力が報われると思わせる社会にすることが最大の少子化対策だと思われる。

現行の社会保障制度も再考の必要がある。今のままだと、自立している若者ほど、税や社会保障の負担だけかかり、親に依存する若者ほど、親からの便宜供与や贈与を期待できるだけ、楽な暮らしができるという不公平が生じている。このままだと、自立している若者は、努力して働いて、負担することがばからしいと感じるはめになる。このような若者は、日本にいつまでも残るだろうか。やる気のあって創意工夫に富む若者ほど公平なチャンスと合理的な負担がある海外に脱出し、依存的な若者ほど、日本社会に残るという状況が現れないだろうか。

若者の自立支援の必要

次に、若者が自立して、親に頼らなくても、そこそこ豊かな生活を送れるようにする仕組みを整備する必要があるだろう。

まず、親から自立して生活している、一人暮らしの者や若いカップルを支援する必要がある。若い人に、親から援助を受けないことを条件に、優先的に住宅を供給したり、逆年金制度（若い頃支給され、中年になってから返済するファンド）などを作るのも手である。

働く場においては、給与の年功序列的分配をやめ、若者への手厚い配分が望まれる。また、親から独立しながら仕事能力をつけられるシステム、例えば、本人への奨学金、職業支援、転職が不利にならない制度などを整備することが必要である。

その一方で、親に依存し続ける若者へのハンデとして、親同居税、つまり、親の経済負担を贈与とみなして贈与税をかけることが有効ではないだろうか（徴税技術的に実現は不可能かもしれない）。

また、成人したら一定期間親から離れて社会活動に従事することを義務とする制度の創設なども有効かもしれない。強制は望ましくないなら、社会活動をしない人にはパスポートを出さないといった過激な方策もある。

家族のリストラクチュアリング

家族の分野を考えると、今後、夫婦二人で働いて、家事・育児を分担して、そこそこ豊かに生活できるシステムを作ることが望まれる。

なぜなら、若い男性一人の賃金では、妻子を養いながら、豊かな生活を送ることは不可能になっているからだ。経済の低成長期に入って少子化が生じたのは、まさに、若い男性の収入が伸び悩む中で、共働き家族への転換が進まなかったからである。

共働きの前提として、若い女性が育児しながら男性に近い賃金で働き続ける条件を整備することが必要である。これによって、育児期であってもそこそこ豊かな生活が可能になる。

育児期を大幅な収入低下なしに、乗り切ることができるという期待がもてれば、若い人たちは、結婚し、子どもを産み育てるという選択をするだろう。多くの意識調査は、大部分の若者は結婚を望んでおり、子どもを持つことを希望している。

保育園を整備し、使いやすい施設にする。育児休業制度を拡充する。そして、子育て後の女性の能力に見合った賃金での再就職を可能にするために、終身雇用や年功序列という雇用慣行を見直すことが求められる。

女性（妻、母）がそこそこの賃金で働き出せば、男性も家事・育児を分担することが求められる。その代わり、男性は、一人の収入で妻子を養う必要がなくなるのである。

以上の課題に社会が本気で取り組めば、結婚、子育てという努力が報われ、各自が夢を見つけるという若者にとって希望がもてる社会になるはずである。

パラサイト・シングルVSフェミニスト

1　階層と結婚の関係はタブーか

パラサイト・シングルという存在が、日本のフェミニズムの浸透を妨げている。パラサイト・シングル論に対する反応を見てみると、日本のフェミニズムのジレンマと言うべき状況が見えてくる。ご存じない方も多いと思うので、私の議論を簡単に要約しておこう。詳しくは、『パラサイト・シングルの時代』（ちくま新書、一九九九年）をお読みいただきたい。学卒後も、基本的生活を親に依存しながら、リッチな生活を楽しむ独身者を、パラサイト（寄生）・シングル（独身者）と名づけた。家事（料理、掃除など）はほとんど親任せ（親同居未婚者の八割は家事をほとんどやっていない）、収入の大部分を小遣いに充てることができる（親に渡すお金は、働いている場合でも、一～三万円がほとんど――宮本・岩上・山田『未婚化社会の親子関係』有斐閣、一九九七年）。そのため、可処分時間（親が家事や雑事をしてくれるため）と可処分所得（首都圏未婚社会人月平均小遣い額、男性七万円、女性八万円――日経産業研究所調べ）が、既婚者や一人暮らしの者と比べて格段に多い。日本、いや世界の中で、日本の二〇代未婚女性が、最もリッチな消費生活を送っている。

この親同居未婚者の生活が豊かで楽なことが、結婚を遅らせ、少子化をもたらしているというのが、私のロジックである。結婚し、自立して生活をしようとすると、生活水準が下がる。専業主婦志向の未婚親同居女性は、父親と比べ遜色のない収入がある男性と結婚しなければ、経済生活水準が落ちる（レジャーやブランドものにお金を使えなくなる）上に、家事負担まで増える。また、仕事志向の女性も、自分と同等以上の収入のある男性との結婚を望み、夫の分担を求めるにせよ、親同居時代は母親がやってくれていた家事を、自分たちでしなくてはならない。男性も同じである。専業主婦志向の女性と結婚すれば、自分の乏しい収入で生活しなければならないし、キャリア志向の女性と結婚すれば、家事を分担しろと要求されてしまう。パラサイト・シングルの男女にとって、結婚は、経済的、時間的にも圧倒的な損な取引となっている。

その結果、専業主婦志向・キャリア志向を問わず、同居する父親の収入の高い女性と、自分の収入の低い男性が、結婚難に陥りやすいという構造ができあがる。この事実は、誰でも知っており、調査統計からも明らかなのにもかかわらず、官公庁や新聞は、絶対に公に取り上げない。ある役人から、この事実を公表すると首が飛ぶと言われたことがある。私も、報告書や雑誌に書くときに、この部分の削除を求められたことは一回や二回ではない。階層と結婚の関係を論じることがタブーとされていることが、結果的に、少子化、未婚化に関する公式的議論をピントはずれなものにしている。

2　若い女性だけを非難するな

このパラサイト・シングル論だが、日本のフェミニスト（女性解放論者という意味で用いる）の間では、かなり評判が悪い。いくつか、取り上げてみよう。

まず、「若い女性だけを非難するな」「山田の議論は女性悪者論である」という意見が寄せられた。たしかに、世間では、パラサイトという表現が、親をバックに海外旅行やブランドあさりに遊び回る若い女性を非難する言葉として用いられる傾向がある。たしかに、未婚者の中での親同居割合は、女性（約八割）のほうが男性（約六割）より高い。また男性の場合は、同居していても結婚生活資金を貯め、収入の高い男性は比較的早く結婚してしまう傾向がある。結果的に、レジャー生活をリッチに楽しむ未婚者は女性に多くなる。しかし、私自身は、本の中でも示したように、男女のパラサイトを問題にしているのであって、女性一般を非難するロジックとして世間で受け取られているのは心外である。

次に多いのは、「親と同居しつづけるという選択肢が増えただけ、女性にとってはプラスである」という主張である。過去、女性は、生活のため、不本意な結婚をせざるを得なかった。理想的な相手が見つかるまで、妥協して結婚しなくてもよいという状況は、女性の自由が拡大していいことだという議論である。

しかし、女性がパラサイト・シングルという選択肢を持つのは、親が豊かな場合である。すべての未婚女性の親がパラサイトさせられるほど豊かではない。親にパラサイトして理想的な結婚相手が現れるまでリッチな生活をして待てる未婚女性と、親に頼れない女性との格差が増大する。パラサイトが許される状況は、親が豊かな女性の自由を増やし、親が貧しかったり、自立している女性の選択肢をかえって狭めるのである。

この格差は結婚後も続く。豊かな親が健在な女性は、結婚後も何かと親の援助に頼ることができ、夫に不満なら離婚して親元に戻るという選択肢が用意される。キャリアとして働き続けられるかどうかも、専業主婦の親を孫の世話に動員できるかどうかにかかっていることは周知の事実である。しかし、親を利用できない女性は、その選択肢から排除される。私が強調したかったのは、親経済力や家事労働力の利用可能性によって若者の生活水準や自由度に大きな格差がでるような状況は問題だという議論なのである。

こう言うと、「山田は女性を分断するつもりか」という再反論がある。しかし、これは当たらない。分断を引き起こしているのは、パラサイト状況であり、私ではない。

3　お母さんがお嫁さん

次に、社会状況に焦点を当てたもので、「今の社会・経済状況では、女性はパラサイトせざるを得ない」という反論である。若い女性の賃金は低く、日本の家賃や生活費は高い。企業の中には、女性が自宅から通うことを採用の条件にしているところもある。寮も男子社員のみのところが多い。さらに、近年は不況で、若者、特に女性の就職状況は厳しい。

しかし、これは反論と言うよりも、パラサイト・シングルの言い訳に近い。この事実は、私もきちんと本の中に書いている。女性に限らず、若い人に厳しい社会状況がパラサイト化を加速していることは確かであろう。

私は、親と同居すること自体を非難しているのではない。同居しながら、家族としての責任を果たしていないという状況を憂うのだ。たしかに、パラサイト・シングルの家族における男女平等は進んだ。それも、男性と同じく、女性も家事を分担しなくなったという形で進んだのである。そして、その平等は、自分の母親が専業主婦（もしくはパート）であって、家事責任を引き受けているという親世代の性差別的現実によって達成されているのだ。あるキャリアのパラサイト・シングルは、「お母さんがお嫁さん」と言い放つ。「メード付きホテルに住むような生活」と表現する人もいる。専業主婦である母親のサポートを前提にして、自由で楽な生活、もしくは、仕事に打ち込んでのキャリア形成が実現しても、それが、男女平等の前進とはとても言えないだろう。

外での生活が厳しいという理由でパラサイト生活を続けているとしても、親に世話される生活のほうが楽だから、パラサイトし続けるというほうが現実に近いのではないだろうか。相当の収入を得ている若者でも、あえて自立しようとしない人が多いのである。結果的に、男女とも、経済的自立も家事責任も果たさなくて許されるのが、パラサイト・シングルなのである。

また、女性が仕事で差別され、やりがいのない仕事をやらされているから、消費による自己実現に走らざるを得ないという反論もある。この指摘は的を射ているが、パラサイトして、消費に走る余裕があるから、女性差別的な仕事の状況に対してもクレームをつけないと解釈することも可能だ。

4 「働く」こと自体は喜びか

言い訳ばかり書いてきたが、これらの意見をよく分析すると、日本のフェミニストたちが、パラサイト・シングル論に対して嫌悪感を抱く理由がよく理解できる。パラサイト・シングルという存在が、今まで、日本のフェミニズムが依って立っていた二つの前提を崩しているからである。

一つは、女性は仕事(ここでの仕事とは、外での収入を伴う仕事を意味し、家事労働は含まない)をやりたがっているという前提。そこから、働き続けることを優先する女性が、子どもをもって働き続ける環境が整っていないから、少子化が起きるというロジックが導かれる。もう一つは、女性は差別され、抑圧されている。だから、女性は、弱者として処遇されるべきであるという前提である。

まず、第一の前提から検討してみよう。共働きしながら育児をする社会的環境が整っていないこと、家事を分担する男性が少ないことは事実であり、改善すべきことは確かである。しかし、「女性が仕事をやりたがっている」という現状認識は問題があると私は思っている。この現状認識は、フェミニストのみならず、林道義氏のような反フェミニストから、総理府・厚生省の公式見解にまで共通するものである。

その裏には、「働くこと自体が喜びである」という背後仮説が潜んでいる。フェミニストは、働くことによって自己実現をもたらすという労働観があるし、林道義氏などは、フェミニズムの害毒によって「働くことがよいことだ」イデオロギーが植え付けられたことが諸悪の根元と主張している。総理府の少子化対策報告書では、仕事による自己実現もしたいし、子どもも産みたいという若い女性が増えてきたことが、少子化の原因であるという現状認識が示される。

外での仕事をもつ女性はたしかに増えた。しかし、働くこと自体が喜びであるという前提は、多くの人に当てはまるだろうか。普通、人が働くのは、労働の対価として得たお金で、より豊かな生活をするためである。そうでなければ、今村仁司氏が『近代の労働観』（岩波新書、一九九八年）で指摘するように、他者から評価されたいという「承認欲求」が働いているからである。近代社会においては、労働自体が喜びであるというイデオロギーは思ったほど浸透してはいないのだ。仕事のやりがいと言われるものも、昇進や賃金の上昇といった労働成果に対する他者からの評価の期待なのである。

働かなくても、ある程度のよい生活ができて、他者からの評価が得られる生活ができるなら、無理して働きたいとは思わないものである。アメリカの調査でも、夫の収入が多ければ、働かずに家で育児に専念したいと回答する既婚女性が半数を超えている（クーンツ『家族という神話』筑摩書房、一九九八年）。日本では、高収入の夫をバックに、カルチャーやボランティア活動に励む高学歴の「活動専業主婦」が多いが、それも、生活が豊かであれば、苦労して仕事で評価を得るよりも、社会文化活動で評価を得るほうがリスクが少なく、「楽」だからである。

だいたい、仕事自体が自己実現であるように思える職に就いている人がどれだけいるのだろうか。大卒女性の割合はまだ少ない。大多数は高卒や短大卒で、都市部では一般職で事務や計算、接客、地方では半導体の検査や電機製品の組み立てなどをしているのである。大多数の女性の夢が、単調で昇進の見込みが少ない仕事を続けることとは思えないのである。ましてや、働くことを優先するために結婚しないという人は、大卒女性も含めてどれだけいるだろう。

これは、女性差別の結果だと反論されるかもしれない。しかし、男性といえども、それ自体がやりがいのある職に就いている人は多くない。男性は（現在もしくは将来の）妻子を養うため、よい生活を送るため、そして、家事をしない言い訳になるから、仕事をするのである。女性は、結婚すれば、仕事をしていても家事をしない言い訳にはならないという女性差別的現実があるから、仕事への動機づけがますます失われるのだ。

「働くことがよい」というイデオロギーは、フェミニストの期待に反して、また、林道義氏の心配に反して、日本社会には、ほとんど浸透していない。それは、あくせく働かなくても豊かに生活できる環境が、日本女性の多くに用意されているからである。

その環境とは、専業主婦という立場であり、パラサイト・シングルという立場である。既婚者なら夫が高収入でありさえすれば、未婚者なら親が豊かでありさえすれば、楽に生活することができる。専業主婦が制度的に優遇され、学卒後も親に依存することが許されるがゆえに、「女性が働くことが当然」という意識が浸透しないのではないか。

5 自立よりも趣味

欧米において、女性が職場進出を果たした状況は、日本とは異なっている。欧米でフェミニズム運動が高揚した一九七〇年代は、女性の依存先の消滅（不安定化）という時期と重なっている。オイルショック後の不況の中で、夫の給料は伸びないばかりか、レイオフなど失業の恐れも増大する。またたとえ夫の職業が安定していても、離婚の危険性を考えなくてはならない。なぜなら、一九七〇年前後に、北欧や英米では、離婚法の改正により、一方的に離婚することが可能になったのだ。現在、アメリカの離婚確率（結婚が離婚で終わる確率）は、五〇パーセント程である。いくら高収入の夫と結婚していても、専業主婦など、危なっかしくてやっていられないのである。夫に嫌われたら、生活苦が待っている。何より、欧米では、親に頼ることはできない。成人したら親子は経済的に独立の存在であり、自立して生活すべきという意識が強いから、親元にパラサイトして豊かに生活することなどできなかったからだ。

上野千鶴子氏などが指摘しているように、夫の失業不安と離婚不安によって、女性の自立が迫られたのである（『近代家族の成立と終焉』岩波書店、一九九四年）。女性の職場進出が進んだのは、自己実現のためという理由ではなく、自立の手段としてであった。相応の収入を得る職業に就く、もしくは職能をつけるなど、経済的に自立して初めて、夫と対等の関係を築くことができる。夫婦の収入を合わせ、家事・育児を分担してそこそこ豊かな生活を築くというスタイルが普及したのはこの理由である。

日本でも、近年の調査では、たしかに、育児中も仕事を続けたいという未婚女性が増えており（それでも、国立社会保障・人口問題研究所の調査では、未婚女性の三割程度だが）、既婚専業主婦で仕事をしたいと回答する人が増えている。「育児中も仕事をし続けたい」という回答の中身、「したい仕事」の中身を詳しく検討していくと、欧米とは異なった現実が見えてくる。

自立のために切実に仕事がしたいというよりも、小倉千加子氏がいうような「趣味的仕事」、自分の趣味を満たすために仕事をしたいという意識である。あるインタビュー調査の中で、「短時間で、楽で、きれいな仕事ならしてみたい」という主婦の回答があったが、まさに、自立の手段と言うよりも、趣味の一種という位置づけである。つらい仕事に就くくらいならば、趣味をしていたいというのが本音であろう。

日本でも、近年、夫という依存先が不安定化している。特に、若い男性の経済力が低下し、失業リスクが高まっている。しかし、日本で「女性が自立のために仕事をもつ」という意識が、欧米のように広まらないのは、夫という依存先が細るのに反比例して、親という依存先が用意されてしまった、つまり、パラサイト・シングルという生き方が広まってしまったからだ。

ある女子短大生は「専業主婦でいられるほど世の中甘いとは思っていない」と答えていた。専業主婦で豊かな生活ができるほど、今の若い男性の収入は高くないということは認識している。しかし、その認識が、職業による自立という方向に行かず、より収入の安定した男性と結婚するために、パラサイトして待つという方向に行ってしまった。一方、キャリア志向の女性も、自分より仕事のできる男性を夫に求める傾向に違いはない。それは、イヤになったらいつでも仕事を辞められる（夫の収入で豊かな生活が可能）という選択肢を確保する動機があると思っている。

その半面、親にパラサイトできずに一人暮らしをしたり、低い収入の夫と結婚した女性のように、豊かな依存先がない女性の生活が苦しくなる。改善すべきは、女性が依存することを前提とした社会の仕組みである。もっと言ってしまえば、高収入の夫や親に依存したほうが自立するよりも楽な生活ができる、という日本社会の現状を問題にすべきである。

6 「弱者だから楽をしてよい」のか

次に、女性は差別されているから弱者であるという第二の前提を検討してみよう。よく女性の差別的状況としてひきあいに出されるのが、共働きで家庭で、家事・育児負担が一方的に女性に押しつけられているという二重負担の問題、離婚後に養育費が渡されず、苦しい生活をしている母子家庭の問題、女性のみに介護が押しつけられるといった問題が挙げられよう。

これらの問題は、たしかに、女性が差別されている結果、女性が不当に不利益を被っている例である。女性の賃金は低い。また家事は女性がするもの、子育ては女性の責任、介護には女性が向いているというイデオロギーがあるため、男性が一方的に得をし、女性が不当に負担を背負わなければならない状況は、改善しなくてはならない。

しかし、女性差別の結果、不当な不利益を被っている女性がいるからといって、女性のすべてが「不利益」を被っているとは言えない。女性差別の結果、弱者になる女性が出てくる。しかし、だからといって、女性全体を弱者と規定するのは問題が残る。

差別と弱者の違いを明確に論じたのが、小浜逸郎氏である。彼は、『「弱者」とはだれか』（PHP新書、一九九九年）において、差別されているという事実と弱者であるという事実を別の基準に置く必要性があると説く。氏が指摘するように、差別されているカテゴリーに属する人が「弱者」

と規定されることは、むしろ差別意識を強化するロジックに転化しやすい。

フェミニズムに話を戻そう。不当に負担を押しつけられている女性の苦労を取り除くことは、必要なことだろう。しかし、だからといって「女性は弱者だから、楽をしてもかまわないし、得をするのがよいことだ」とは言えないだろう。

平均してみれば、女性の生活水準は男性よりも高い。どんな調査をとっても、女性の階層意識や生活満足度は、男性よりも高く出る。仕事上のストレスを感じる人、自殺する人も女性より男性に多い。男性が家族の生計を支える責任を負っているがゆえに、女性に比べ、不当に不利益を被っているケースが見られるのである。男性は、弱者と認定されないから、男性が被る不利益は、自分の責任とされる。これが、男性共通の利害の認識を困難にし、男性解放運動がなかなか受け入れられない理由の一つである。

男性は女性より優位であるという社会的評価の代償として、妻や子どもの扶養（よい生活をさせる）責任を押しつけられているのが男性である。扶養責任をそのままにしながら、男は家事、育児を分担しろというのは、男性にとって「不公正」である（江原由美子・山田昌弘『ジェンダーの社会学』放送大学教育振興会、一九九四年）。

女性の苦労を取り除くこと、女性に楽をさせることが、フェミニズムの目的であるという誤解が日本社会の中に広まっていないだろうか。その認識の上に立って、夫は仕事と家事、私は家事と趣味（的仕事）という小倉千加子氏の言う新専業主婦志向が生まれるし、「親に依存してリッチな生活を送って何が悪い」と開き直るパラサイト・シングルが増えるのだ。

女性が、豊かな親や夫に依存して、自分の働き以上の生活をしている現状は、女性の解放にとって望ましいことなのだろうか。

経済的に自立した男女が、家庭で生じる苦労を「公正」に分け合うというのが、本来のフェミニズムがめざす家族の姿ではなかろうか。そのためには、男性が家事・育児に責任を持たなくてもよいという状況をなくすと同時に、女性ならば依存した生活が許されるという特権を捨てる覚悟が求められる。そのためには、女性が依存することを前提にした社会状況（専業主婦の優遇、親が子どもをパラサイトさせる意識）を変革し、自立と公正に基づく社会（不当な苦労、不当な利益をともに取り除く）へと移行させることが条件となる。

となると、女性や家族をめぐる状況だけが問題なわけではない。もっと広く日本社会が抱える問題点とつながっていないだろうか。「自立」よりも「楽」であることがよいことと評価される社会。「公正」よりも「損得」を優先する社会。日本社会のこのような状況が、パラサイト・シングルを生みだし、フェミニズムの浸透を妨げている真の原因ではなかろうか。

若者の自立をサポートする社会環境を

1　不況の時代に咲いたあだ花

パラサイト（寄生）・シングル（独身者）、学卒後も、基本的生活を親に依存してリッチな生活を送る未婚者を、そう呼んでいる。二〇代半ば、そして三〇を過ぎても、結婚や独立して生活せずに親の家に住み続け、家事はほとんど母親任せ、収入のほとんどすべてを小遣いに充て、海外旅行に毎年行き、ブランド製品で身を固め、高級車を乗り回す。一九九九年『パラサイト・シングルの時代』(1)を出版し、どう見ても分不相応な若者の生活の現状、その問題点を提起した。その後、パラサイトという音の響きがよいせいか、全く別の文脈で取り上げられるなど、言葉が一人歩きをし始め、また、反発や誤解が、筆者の所に数多く寄せられるようになった。

その中で典型的な誤解が、「山田は自立や結婚をしないパラサイト・シングルを非難している」というものである。ここから、「結婚せずに、レジャーを楽しんでなぜ悪い」「親が子にいろいろしてあげるのは当たり前だ」といった反発から、「若い頃から贅沢をするなどけしからん」といった応援意見まで出てくる。これらの意見を分析してみるのも面白いテーマになると思っている。

私は、決して、リッチなパラサイト・シングルを非難するのが目的で本を書いたわけではない。私が問題にしたかったのは、パラサイト・シングルを生み出した戦後日本社会のあり方であり、パラサイト・シングルの増加がもたらす将来の日本社会の危機的状況なのである。

九〇年代は、「日本の失われた一〇年」と呼ばれ、大企業が倒産し、成長率は鈍り、失業率も上昇している。その中で、唯一パラサイト・シングルのみが、バブル時代のように、リッチな生活を謳歌している。まるで、日本社会の停滞の中に咲いたあだ花のようだ。そのあだ花が、日本社会停滞の象徴と考えられるのである。(2)

2　楽でリッチな実家暮らしはやめられない

まず、将来の日本社会に与える影響を先に示しておこう。

「リッチな生活を楽しむ若者がいてもいいではないか」という意見もあるが、問題はその人数である。二〇—三四歳の親同居未婚者は、九五年時点で一〇〇〇万人以上いる。そのすべてが親に生活を支えてもらい、リッチな生活をしているわけではないが、結婚、子育て期の若者の五分の二が親同居未婚者なら、少子化が起こるのも無理はない。

先進国で少子化[3]が起こるのは、子どもを多く産むと生活水準が低下するからである。日本の場合は、そもそも、結婚すると生活水準が大幅に低下する状況になっている。親と同居して、楽で豊かな生活を送る若者が、結婚して自立すると、自分たちで生計を支え、家事をしなくてはならない。つまり、今や、親元を出て自立したり結婚することは「損な取引」になっているのだ。だったら、結婚を遅らせたり、よい条件の相手に巡り会うまで、リッチな生活を楽しみながら親元で待っていようと思う男女が増えてもおかしくない。

少子化以上に心配なのが、パラサイト・シングル現象の「社会心理的影響」なのである。パラサイト・シングルは、日本、いや、世界の中で最もリッチな生活を送っている。大人になりたてで、給料も低い若者が、親と同居しているだけで、最も贅沢な消費生活を味わえるという状況は、果たして健全だろうか。二〇そこそこで、海外に行けば高級ホテルに泊まってブランドものを買い漁り、オタク的趣味を極めることを許してしまう社会は、問題ではないだろうか。一方で、親のサポートなく、一人暮らししたり、結婚し子育てしている若者は、あくせく働いてもぎりぎりの生活しか送れない。

社会心理学者のランドルフ・ネッセは、「努力が報われると感じたときに希望が生じ、努力が空しいと感じるときに絶望が生まれる」と論じている。努力しようがしまいが、依存していればよい生活を送れるパラサイト・シングルと、いくら努力して仕事、子育て、家事をこなしても、自立していたらよい生活を送れない若者が共存している場合、若者に「やる気」が起きるだろうか。日本社会を覆う停滞感のいくばくかは、「依存する方が得、自立すると損」というパラサイト状況に原因があるのではないか。

このようなことを論じていると、「豊かな親の子が豊かなのは当たり前だ。おまえの議論は貧しい親に生まれたやつのやっかみだ」とか、「社会全体のことを考えるのはバカだ。好きなことをして楽な生活を送って何が悪い」という内容の匿名の投書が何通も届いた。現在の日本社会は、このように、損得でしかものを考えず、社会的公正の感覚や公共心、他者に対する共感性のない若者を生み出し、それを実質上許してしまっているのだ。

3　日本の高度成長を支えた家族主義の弊害

このような若者を生み出したのは、直接的には、寄生を許す親にあるのだが、根本的には、戦後日本の社会・家族のあり方に原因があると思っている。私は、戦後の日本社会は、個人主義ではなく、家族主義の時代だと思っている。それは、「家族で豊かな生活とよりよい子育てをめざす」ことを目標とした生き方が浸透した時代である。この生き方は、①自分の家族のことさえ考えればよい、②自分の子どもをよりよく育てることが親の生き甲斐である、③物質的に豊かな生活が人生の目標であり、④終身雇用を前提とした企業に依存した生活設計[4]を前提とするという特徴を持っていた。

この家族主義は、貧しい社会から豊かな社会への移行期、つまり、高度成長期にはうまく機能した。親は、豊かな家族を築くために、子どもに教育投資をし、住宅を買うために勤勉節約で必死に働いたのである。

しかし、社会が豊かになった現在、この戦後家族の特徴が社会にとってマイナスの方向に作用したのである。つまり、①公共心や公正という価値観を教えずに、②子どもに楽をさせることが愛情だと疑わず、自立や苦労を体験させず、③物質的な消費こそが生き甲斐と感じる子どもを育て、④依存して生活することを肯定的にとらえる感覚を育ててしまったのである。

4 勤勉な親が享楽的な子を育てる皮肉

欧米では、七〇年代以降、若者の間に脱物質主義的価値観が広がった。不況で経済的豊かさが見込めない中、親とは異なったライフスタイルを作り出そう、社会を公正な方向に変えていこうという若者が出現したのである。これは、独立を尊ぶ精神と、現実に親に頼れずに自立しなくてはならないという状況が作り出したといえる。

それとは正反対に、日本では、バブル期を通じて、若者の間で物質的消費主義の価値観がむしろ強化された。勤勉節約な親が享楽的息子、娘を育ててしまったというのは、なんという皮肉であろう。パラサイト・シングルは、「親と同居してあげている」「母親の作った食事を食べてあげている」

と言い放つ。まさに、子どもを豊かに育てる以外に生き甲斐を持たなかった親に、子どもがつけ込んでいるのだ。

実は、このパラサイト状況は、若者に限ったことではない。戦後の日本社会システム自体が、護送船団方式、終身雇用、系列、公共事業体質など、依存を前提とし、自立・独立すると損という仕組みを作りだしてきた。

まだ救いなのは、インタビューする中で、「パラサイト生活は、楽だけれど物足りない」と答える若者が多いことだ。日本社会の依存主義的体質を改善し、自立をサポートし、努力に対して報われる（楽することは恥である）と感じられるような社会を作り出し、若者に対して「苦労するけれども、やり甲斐がある」と思わせる社会環境を用意することが、今、日本社会に必要になっている。

注

（1）ちくま新書、一九九九年刊。筆者が新聞に論文を発表した当時、ベストセラー小説「パラサイト・イヴ」が映画化されていた。そこから「パラサイト・シングル」の呼称を思いつき、本書の刊行に至った。

（2）日経産業消費研究所が一九九五年に首都圏在住の独身ＯＬ（二七〜三五歳）を対象に行った調査によると、高額商品の所有率は、有名海外ブランドのバッグ・靴・腕時計八一・八％、一万円以上の化粧品四六・八％、有名ブランドの服二九・二％などである。

（3）日本人女性の合計特殊出生率（一人の女性が生涯に産む子供の数）は一九九九年には一・三四

にまで低下し、出生率の統計をとり始めた一九四七年以来の最低を更新した。

（4）いわゆるホワイトカラー的な職業に従事する者（雇用者）は、第二次世界大戦の直前には日本の全就業者の一割程度にすぎなかった。戦後、農業従事者の激減にともなって、就業の構造は大きく変わり、一九八五年には四人に三人が雇用者となった。この変化が日本の家族にもたらしたものは、「職住分離」「通勤時間の延長」「父親不在」「性的役割の固定化」などである。

非現実的な夢、分別あるあきらめ

1　女性の生活設計

少子化の原因を探るため、独身者に対して、インタビュー調査を続けてきた。最近は、三〇歳前後のパラサイト・シングル女性（学卒後も親に寄生してリッチな生活を送る独身者）の将来の生活設計について重点的に聞くようにしている（平成一一年生命保険文化センターの助成による調査研究）。

ボーイフレンドとレジャーを楽しむ人もいれば、見合いを繰り返す人もいる。ブランドもので身を固める人もいれば、地味な人もいる。仕事に打ち込むキャリアウーマンもいれば、フリーターの人もいる。彼女たちのライフスタイルは実に多様である。しかし、彼女たちの未来像を聞いていくうちに、共通点が二つあることに気づいた。一つは、客観的に見れば「無理」と思える夢を追っているという点である。もう一つは、夢が叶えられなかった時のことを何も考えていないという点である。何人か、例を示してみよう。

高卒で銀行に勤めているAさん（三〇代前半）は、専業主婦志望である。ここで専業主婦志望とは、基本的に夫の収入で一生暮らしていきたいという考え方であって、決して、家事や育児が好きというわけではない。銀行の一般職では、仕事自体が面白いわけではないし、キャリアを積むつもりもない。社内結婚しようにも、年上の未婚銀行員男性はもういない。彼女の「夢」は、どこかで素敵な男性と巡り会って、幸せな家庭生活を築くというものである。彼女の言う素敵な男性とは、銀行員以上の給料を稼ぎ、休日にはゴルフに連れていってくれる男性だそうである。といって積極的に出会いを作ろうとするわけでもなく、声をかけられるのを待っているだけである。結婚できないことなど考えずに、週末ごとに、友人とゴルフに出かける生活をしている。

短大卒のBさん（二〇代後半）は、フリーターである。夢は、声優になることである。しかし、週に一回のレッスンを数年間受けているが、仕事がくるわけではない。好きな男性はいるのだが、その男性には彼女がいるので、友達以上にはなれない。アルバイトで小遣いに不自由はしないいし、親が面倒をみてくれるので、毎日、気楽に生活している。

有名タレントの追っかけをして、あわよくば彼の奥さんになることを夢見る大卒フリーターもいれば、「収入・学歴が私より高くて、家事を平等に分担し、格好良くて、浮気をしない男性でなければ結婚しない」と豪語する大卒公務員もいる。例をあげるときりがないのでこれくらいにしておく。

2　非現実的な夢

彼女たちの抱く夢は、どうみても実現する確率が低い。かっこよくて収入が高い未婚男性が振り向くほどの際だった魅力をAさんは持ち合わせているとは思えないし、声優の収入だけで生活している人は、日本中で何人いるだろう。タレントの奥さんや高収入で家事好きな男性の妻であるキャリアウーマンも存在するが、理想的な男性と出会って、結婚相手として選ばれる可能性は、ゼロではないが、ゼロに限りなく近い。

これらのパラサイト・シングルたちの将来像は、子どもが持つ夢にそっくりである。先日、ある小学校三年生の「将来になりたいもの」というテーマの作文集を見せてもらった。男の子に人気があるのは、相も変わらず「野球選手」で三分の一の生徒が選んでいた。女の子では、歌手、モデルといった職業が散見される。

八歳の子どもなら非現実的な夢を描くことを「ほほえましい」と感じることができる。しかし、三〇歳の大人の女性が実現性が低い夢を追い続けるのをみるのは、こちらも複雑な心境になる。夢をもつことはいいことに違いない。しかし、夢が叶うことなく年を取る青年の末路を想像すると、いたたまれなくなるのは私だけだろうか。

社会学の調査者として、「夢が叶わなかった場合はどうするのですか」と問うのは、仕事といえども、けっこうつらい。この質問に対して、多くのパラサイト・シングルたちは、「考えていない」と答えるのである。中に、「もし結婚できなかった場合はどうするのですか」と聞いたとき、絶句して沈黙してしまった女性（二〇代後半）もいた。

ジュリアス・シーザーが言うように、「人は自分の見たいものしか見ない」。彼女たちは、自分が夢を叶えられずに年を取る姿など想像したくないのだ。しかし、現実は、厳しい。彼女たちの何割かは、妥協して、理想的でない相手と結婚したり、本人にとって不本意な職に就くことを迫られよう。残りの何割かは、夢の実現することを信じ続けながら一生を終わる可能性が強いと思うと、問題を感じてしまう。

3　努力が評価されてこそ

ここで、「非現実的な夢」を見続けてしまう「社会学的」理由を二つの方向から考えたい。一つは、夢を見続けられる条件であり、もう一つは、「夢」という言葉がもつ社会心理的な意味である。これらを検討していくと、「非現実的な夢」をみる若者が多くなっていることは、単に本人の問題と言うよりも、現代日本社会がかかえる危機の現れであると言いたい誘惑に駆られる。

まず、夢を見続けられるのは、その可能性が高いからではない。自分の生活や社会に対して責任を持つ必要がないからだ。小学生が非現実的な夢をもっても、ほほえましく見ていられるのは、そのせいである。夢みるパラサイト・シングルたちは、まさにそのような意味で「子ども」の延長なのだ。豊かな親に基本的生活を支えてもらっているからこそ、叶う確率の低い夢を追っていられるのだ。夢が、短期的に実現しなくても、親と同居していれば、とりあえず生活できるし、小遣いぐらい稼げるから楽しく生活できる。親が弱るまでは、現実の生活に直面する必要がない。そして、親が弱ることこそが、パラサイト・シングルたちが、最も想像したくないことなのである。親も子どもの夢を応援すると言えば聞こえがいいが、結局は子の夢に浸っているケースが多い。「妥協して、結婚することはない」「仕事がいやならやめてもいい」などと言って、子どもが非現実的な夢を持ち続けることを支えているのだ。

次に問題なのは、われわれの社会は、「夢を持つことはよいことだ」というメッセージに満ちあふれていることだ。

いくら非現実的ということが分かっていたとしても、夢を否定することは難しい。他人に対して、それが「無理」だということは、親であっても教育者、友人であっても言いにくい。本人が無理だと気づくまで待つしかない。親と同居して楽に暮らせていると、「可能性がない」と気づくチャンスが失われる。

彼女らの話を聞いていると、非現実的な夢に浸ることでしか、希望がもてない現代社会が透けて見えてくるのだ。

社会心理学者のランドルフ・ネッセは、希望（hope）は、努力が報われるという見通しがある時に生まれると説く。

ネッセの言う希望と、パラサイト・シングルの抱く夢は断じて別のモノである。パラサイト・シングルは、今の社会で地道な努力が報われるとは信じていない。信じていないから、失望感を避けるために、「運がよければ叶えられるはずだ」と夢を抱きながら、親に支えてもらって「楽」な生活を送り続ける。

ネッセは、分別あるあきらめ（sensible giving up）の必要性を説く。夢を実現することだけが生き甲斐ではない。日常生活の中での努力が評価される状況こそが、希望にあふれた生活を可能にするのだ。

分別あるあきらめを持つことができない社会は、不幸な社会かもしれない。

Ⅲ　フリーターという生き方

夢見る使い捨て労働力としてのフリーター

フリーターという言葉は、すっかり定着した。

本論の執筆のため、インターネットでフリーターを検索してみた。すると、一万件以上のフリーターという言葉を含むホームページが存在したのである。中には、学術的な調査報告書もあるが、大半は、「フリーター募集」という求人広告や、「フリーター入居可」「フリーター大歓迎」といった不動産や飲食店の広告が占めていた。

自分をフリーターと自称する人も多くなってきた。数年前、わが大学の卒業生名簿の現職欄に「フリーター」と書いてあるのを見た時には驚いたが、今では、在学中から堂々と「フリーターになります」と言う学生も出てきている。

フリーターという言葉は、一〇年ほど前に、リクルート社が、フリー（自由─英語）、アルバイター（労働者男性形─独語）を合わせて作った和製外国語である。当時は、定職に就かずに気楽に生きる若者で、少数の例外的存在といったイメージがあった。

ところが昨年、労働省（当時）が『労働白書平成12年版』の中で、フリーターを取り上げ、その人数が、一九九七年時点で一五〇万人以上と発表して以来、突如、社会問題として注目を浴びるようになった。リクルート・リサーチ社は、二〇〇〇年時点で約三〇〇万人（登録型の派遣社員を含んだ数字である）以上いると推定している。日本労働研究機構や文部省（当時）の進路調査などでも、高校や大学を卒業後、定職につかない人が相当数いることが明らかになっている。二〇歳から三四歳の未婚者は約一五〇〇万人である。ということは、独身者の少なくとも一割以上がフリーターということになる。

「フリーター」が社会の中で一つのライフスタイルとして認知されはじめていることは、確かだろう。それは、①彼らの存在を前提にして、社会（特に労働需要）が成り立っており（社会の側からの認知）、②多くの人々が、彼らの生き方を、ライフ・スタイルの一形態として認めていること（個人の側からの認知）を要件とする。いわば、社会の需要と個々人の欲求が一致して、フリーターというライフスタイルが作り出されている。

例えば、「浪人」という存在は、客観的に分類すれば高卒無職者である。しかし、浪人を対象にした予備校という産業が成立し、親が経済生活を支えている。周りの人も当人も、浪人というレッテルを受け入れている。それゆえ、ただの高卒無職者ではなく、大学受検のため一生懸命勉強している（はずの）人とみなされる。「浪人です」と言えばいちいち働いていない理由を説明しなくて済む。

フリーターは、浪人と似ている。フリーターを分類すれば、未婚の若年臨時労働者となる。『労働白書』をみてみると、フリーターの定義にたいへん苦心した跡が窺われる。三五歳未満で、現職がパート、アルバイトのもの。ただし、女性は未婚者、男性は職歴一年以上五年未満に限定。それにプラスして、失業者でパート、アルバイトを希望するものも含むとしている。しかし、フリーターは、単なる臨時労働者ではない。同じバイトの仕事をしていても、いわゆる中年の日雇い労働者やパートで働く主婦とは、異なった存在と見なされている。その差はどこにあるのだろうか。

1　彼らの意外な共通点

議論が盛んになるにつれ、ブラブラしている人と、目標に向かって努力する人では違う、フリーターをひとくくりに論じるのはよくないという意見が出てくるようになった。確かに、いろいろなタイプのフリーターがいる。

私が調査した中では、声優志望で週に一回講習を受ける女性や、将来喫茶店を開きたいという女性、消防士になりたくて採用試験を受け続ける男性のように、明確な目標をもつ人もいる。「給料が高くて楽な仕事」を見つけたいというものもいる。一方で、バイト以外の時間すべてを使って、お気に入りのロックバンドの追っかけをする女性もいれば、海外旅行が趣味で、時間的に自由がきくからフリーターになったという人もいる。

しかし、インタビューする中で多かったのは、意外にも、「結婚して夫に養ってもらいながら、好きなことをしたい」という希望をもつ女性であった。彼女らは、多くは、私のいうパラサイト・シングル（親同居未婚者）で、親に基本的生活の面倒をみてもらいながら、つらい仕事を避け、バイトの給与をほとんど小遣いにして、旅行や買い物を楽しみながら、結婚を待っているというタイプである。後で述べるが、このタイプの女性が、フリーターのかなりの部分を占めているのだ。声優志望の女性も、追っかけをしている女性も、希望が叶えられない場合は、せめて、結婚して夫に養って貰える生活が送れるはずと信じている。旅行や買い物をする代わりに、追っかけや声優になる勉強をしていると考えれば、女性フリーターの将来見通しに大きな差はない。

彼らの生き方の共通点を見つけるとすると、「将来に夢を見ている」ことだといえないだろうか。明確な目標を持っているにせよ、「幸せな家庭生活」であるにせよ、それが将来の「夢」であることに変わりはない。ここでは、夢を、現在の状態を否定して、将来の理想的状態を思い描くことと定義しよう。「やりたいことが見つからないからフリーターをやっている」という人も、現在の状態を否定して、やりたいことが見つかっている自分の姿を想像しているという意味で、夢を見ているのだ。

しかし、客観的に見れば、フリーターは、「安価で使い捨て可能な単純労働力」に他ならない。確かに働く人の仕事への思いは多様である。ごく一部のフリーターは、たとえ単純労働であっても、夢を実現する一つのステップとして仕事を位置づけている。例えば、カメラマン見習いとして現在は雑用係だけれど、将来、独立してやっていけるのではないかという期待を持つ人もいる。飲食業でバイトをしている女性フリーター（三〇代前半・親同居）は、将来喫茶店を経営したいからこの仕事を選んだと言っていた。ただ、大部分のフリーターは、アルバイトは小遣い稼ぎであると割り切って単純労働に従事している。

一方、雇う側からみれば、当人の思惑の違いを超えて、いつでも切り捨てることが可能な都合のよい存在と捉えている。

労働者の生活に責任をもたなくてもよいというのは、企業経営者にとって、たいへん都合がよい。日本社会では、正社員と非正規社員の待遇格差は極めて大きい。賃金の差だけでなく、社会保険や雇用保障の有無の差が大きいし、正社員は教育訓練費もかかる。正規雇用者は、手取り給与の倍のコストがかかると言われている。企業にとって、訓練を必要としない単純労働力であれば、正社員として雇うより、フリーターとして雇った方がはるかにコストが削減される。特に競争が厳しい、ファーストフード、コンビニエンスストアなどにとって、貴重な存在なのだ。

フリーター側が、将来のステップとして仕事を考えていたとしても、雇う側にとっては、低賃金労働力としてしか見ていないことがある。演劇関係のケーブルテレビ関係者に聞いたところ、どんなに低賃金の単純作業であっても、演劇に関わっていたいという若者がいくらでも集まってくるそうである。「業界」と呼ばれる業種の企業では、半分バイト、半分ボランティアのようなフリーターによって、かろうじて経営が支えられているところが多い。

そこで私は、現在出現しているフリーターの本質を、「夢見る使い捨て労働力」と名づけることにした。フリーターは、客観的に見れば、「安価な使い捨て労働力」であるが、主観的にみれば、「夢を追い求める存在」なのである。

2 「夢」と現実とのギャップ

フリーターは、使い捨て単純労働者であるという現実と自分の将来の夢とのギャップをどのように考えているのだろうか。

よく、フリーターは、気楽だからやっているという意見がある。確かに、フリーターのメリットとしてあげられるのは、勤務時間に融通がきくことであるが、有給休暇やボーナスはない。正社員を解雇することには困難が伴うが、ルーズなフリーターはすぐ解雇される。本当に気楽な存在は、実は、出世を諦めた正社員の方である（映画『釣りバカ日誌』の主人公を思い出していただければいいだろう）。

実際にデータをみてみよう。ここで使用するデータは、生命保険文化センターが「ワークスタイルの多様化と生活設計に関する調査」として二〇〇〇年に実施したもので、私は、フリーターに関する調査を担当し、三九歳以下未婚で、現職がアルバイト・パートであるものを抽出し、二七〇人の回答を得た。比較のため、同時期に行われた一般就労者調査の中で未婚者を抽出し、一般未婚者のデータとした。詳しくは、『ＪＩＬＩ　ＦＯＲＵＭ』一〇号（「フリーターの理想と現実」本書Ⅲ、一二三頁以下に所収）を参照していただきたい。

調査によると、フリーターでいることを望んでいる人は、それほど多くない。男性で約五％、女性で約一六％に過ぎない。一般未婚者と比べ、公務員が理想という回答が有意に多いのが特徴である。男性は、自由業・自営業希望が多いが、それでも、一般未婚者に比べて少ない。

浪人と比較してみよう。浪人は、自分の現状を肯定しているわけではない。無職であることを受け入れられるのは、一年後に希望する大学に進学しているという夢があるからである。進学という夢の存在が、高卒無職者と浪人を分けているのだ。

フリーターがフリーターであるゆえんは、先ほど述べたように、将来の「夢」を持っているという点に尽きる。ただし、これは、大学進学のように、はっきりしたものとは限らない。生命保険文化センター調査では、フリーターに一〇年後の理想の就業形態（理想）、および、実際についていそうな就業形態（予定）について質問してみた。男性は、理想では、プロとして独立が最も多いが、予定では中小企業の正社員が多くなっている。女性では、理想でも「結婚」に期待する人が多く、予定では、配偶者に生活を支えてもらうと、専業主婦を合わせれば、五割以上になっている（一三五頁の表7参照）。

全体としてみれば、多くのフリーターが抱くのは、「ささやかな夢」といえる。しかし、そのささやかな夢でさえ、なかなか叶えられないのが現実なのだ。

読者は、声優や俳優、ロック・スターの妻になるという夢とは違って、消防士志望などは簡単に叶えられる夢と思うかもしれない。しかし、現実はそうではない。大卒二五歳のフリーターによると、消防庁採用試験（大卒）の倍率は、何十倍だそうである。彼も、在学中と卒業後、何回も受けたがすべて不合格になったそうである。

また、わが東京学芸大学は、教員志望の学生が多い。しかし、少子化によって、教員需要は低下している。東京都では、過去、千人以上募集していた年があったが、近年は、四、五百人にまで減少している。そうなると、在学中に合格するのは、志望者の三割程度でしかない。試験に落ちても、どうしても教師になりたい人は、非常勤講師などをしながら、毎年、教員採用試験を受け続ける。

高校（非進学校）の先生に話を聞いたところによると、現在、高卒者にとっては、中規模企業の正社員になる道でさえ厳しい。あまりの厳しさに正社員としての就職活動をやめてしまい、フリーターをしながら、チャンスを待つという姿勢だそうである。これは、多くの大学生、特に、女子学生にもあてはまる。

女性にとっては、配偶者に生活を支えてもらうという形態が、将来の理想として一番人気がある。しかし、現実には、そのような男性にはなかなか巡り会えない。ある女性フリーター（大卒・親同居）の希望は、専業主婦である。しかし、就職したての恋人の収入はまだ低く、そこそこの生活さえもできそうにない。彼は共働きを提案しているが、彼女は仕事をしたくないので、結婚を先延ばしにしているという。大学の専門（化学）とは全然関係ない事務のバイトで小遣いを稼ぎ、海外旅行や趣味を楽しみながら、彼の給料が上がるまで待っているという。しかし、彼の収入が彼女の期待水準まで上昇する保証は、全くない。ましてや、恋人がいない女性にとって、収入が高くやさしい男性と巡り会う確率は、相当低いと言わざるを得ない（拙著『結婚の社会学』丸善ライブラリー、一九九六年参照）。

理想とする将来像に、手が届きそうだけれども届かない、現実に届いていない、これがフリーターに共通する特徴なのだ。

すると、「夢見る使い捨て労働力」としてのフリーターの抱える問題点が明らかになる。社会が必要としているのは、使い捨て労働力であって、彼らの夢ではない。フリーターの抱く将来の夢は、彼らに単純労働力であることを受け入れさせるためにあるようにみえる。

3 「若者の希望」を再建できるか

「夢見る使い捨て労働力」としてのフリーターがライフスタイルとして成立した二つの条件を考察してみよう。

一つは、若者にフリーターでいることを許すほど豊かな社会であるという点である。これは、若者が夢を見続けられる条件に対応する。次は、若者をめぐる労働環境が不公平で、若者が仕事に「希望」を見いだせなくなっている点である。こちらは、今の若者が、夢を見ざるを得ない条件に相当する。順に見ていこう。

フリーターは、失業者でも、ホームレスでも、貧困層でもない。その多くは、親と同居している。収入が低く、社会保険がなくても、リッチで安心した生活が可能である。アルバイト代がすべて小遣いに充てられる「パラサイト・シングル」（拙著『パラサイト・シングルの時代』ちくま新書、参照）ならば、スキーや海外旅行だって行けるだろう。たとえ、親の援助がなくても、豊かな社会が、フリーターを支えている。若ければ、自分一人が食っていく位のバイトがいくらでも見つかるし、病気になっても福祉が支えてくれる。

つまり、家族から支えられているか、家族を支える責任を免れているから、フリーターを続けていられる。だから家族責任を意識し始めると、フリーターを続けていられなくなる。先の消防士志望の大卒男性が正社員に就職する努力を始めたのは、つきあっている彼女からいつまでも待てないと言われたからだという。現時点では、フリーター男性と結婚したがる女性は少ない（逆は真ではない）。フリーターの増加は、晩婚化、少子化の一因となっている。

次に、フリーターが「夢」を見ざるをえない状況を考察していこう。

若者たちの言う「希望する職業につけないからフリーターにならざるを得ない」というのは、正しい。例えば、学習院大学教授の玄田有史氏は、日本において若者に不利な就業構造（年功序列賃金、新卒採用抑制による雇用調整など）が、フリーターを生み出す元凶であることを強調している。

しかし、私は、単なる経済的な不利という以上に、今の労働環境が、若者にとって希望をもてない状況であるという社会心理的要因が大きいと見ている。「夢は見られるが、希望（ホープ）がもてない」というべき状況なのだ。

夢と希望は異なる。私が強調したいのは、この点である。この区別は、アメリカの社会心理学の文献をレビューする中で気づいたことである。

希望という感情は、努力が報われるという確信によって生じる。逆に、努力してもしなくても同じだと考えれば、失望感が生まれ、やる気が失われるのである。

ここで重要なのは、希望は、好きなことをやっているかどうかとは無関係であるということだ。高度成長期に正社員として勤めはじめた若者の多くは、自分に合った仕事をやっていたわけではあるまい。しかし、当時の若者（男性）は、希望をもつことはできたのである。仕事を頑張れば、上司に認められ、将来給料が上がり、豊かな生活が築けるに違いないと思えたからに他ならない。今やっている仕事がいずれは報われるという確信があれば、苦労があっても、自分に合わないと思っても、希望をもって生きていけるのだ（女性は、そのような男性と結婚して、家事をすれば報われるはずという確信をもつことができた）。

ところが、今、若者をとりまく就業環境は、若者の希望をかき立てるものであろうか。フリーターが現にしている単純使い捨て労働に払う努力が、将来「報われる」と感じることは不可能に近い。報われるということは「社会の役に立つ」ということでも、「賃金が貰える」ということでもない。将来、彼らの努力が、目に見える形で評価されるはずだという期待である。

現代日本の就業環境は、「努力しても、しなくても報われている中高年男性」と「努力しても報われる見込みがない若者」が併存している状況とも言える。

若い正社員としていくら努力しても、将来給与が伸びる保証がなくなっている。一方、中高年男性の中には、高い給料をもらいながら、適当に仕事をしている人も存在している。就職時もそうである。大した努力もせずに就職した中高年男性が威張っていて、これから就職しようとする若者は、能力がなかなか評価されず門前払いされる。現在いる社員（公務員、教員も同じ）と比較して能力が下なら、納得もできよう。しかし、現実はそうではない。

小学校に教育実習の学生を連れて行った時、ある校長先生が、「本当に今の教育実習生は優秀だ、今すぐにでも実習生と取り替えたいと思う教員が一人いますよ」と小声で言っていたのを思い出す。しかし、実習生は教員の採用試験に合格せず、問題教員は学校に居座りつづけている。

女性の場合は、より状況は深刻である。よほど特別の専門能力がなければ、正社員であったとしても、女性の仕事はなかなか評価されない。特に就職時には、女性であるという理由で努力が報われにくい環境にあることは確かである。それなら、努力してもどうせ無駄だから、適当にバイトしながら、収入の高い男性の妻になって、楽に暮らすという夢に期待せざるを得ないのだ。

現実の社会に希望がないので、若者は「夢見る」ことに追い込まれているともいえる。

しかし、フリーターが夢から醒める日がいつか来る。豊かな生活を支える親が弱り、自らも年を取り単純労働力として使い捨てにされそうになった時、夢を諦めて、現実と妥協する必要が起こる。その時、フリーターは、夢を見た代償を払わなくてはならない。

何事にしろプロとして独立することは、就職するより難しい。そして独立するにも、正社員として仕事や人脈をつけていた人の方が有利であるのは言うまでもない。公務員や教員には受験の年齢制限があり、採用数は減る一方である。いくら大企業の中途採用が広がっているといっても、職業能力を身につけなかったフリーターは、明らかに不利である。実際、先の調査で、職業能力を高める努力をしていると答えた人の割合は、一般未婚者の方がフリーターより高く、「努力しないで済むなら働きたくない」と思っている人の割合はフリーターの方が高いのだ。日本では、職業能力を獲得する場合、企業内教育が、いまだ主流である。今後、企業が、フリーターを正社員として積極的に雇うとは考えられない。そして、収入が不安定な男性は、女性から結婚の相手にされないことは確かなのだ。

一方、結婚して安定した生活を送ろうと夢を見ている女性の将来が最も危ない。収入がそこそこの独身男性の数には限りがある。私が、「警告!『専業主婦』は絶滅する」(『文藝春秋』二〇〇一年二月号、本書Ⅳに収録)に書いたように、妻に相応の稼得能力を求める男性も増えることが予想される。「専業主婦」という一昔前なら楽に叶えられた夢が、今となっては、見果てぬ夢になる可能性が高い。結婚せずに、専門能力も身につけずに、単純労働しかできない中年女性の居場所が、社会の中にあるのだろうか。

日本社会も、フリーターを生み出した代償を払わねばならない。確かに、フリーターが若いうちは、企業にとって都合のよい使い捨て労働力かもしれない。一五〇万人とも二〇〇万人とも言われる元若者が、夢も希望も失い、熟練した職業能力ももたず、子育てという責任を果たさずに、町に溢れだす事態にならないとも限らない。責任をとる必要がなく、希望がない人々は、享楽的になったり、不法行為に走ったりしがちなのだ。そして、社会保障や秩序維持の費用負担が増大し、少子化の原因になるという形で、社会のお荷物になっていく可能性は高い。

そうならないためには、職業世界における若者の希望を再建するしかない。それは、仕事の上で努力するものは性別、年齢にかかわらず評価され、地位を与えられ、既得権の上にあぐらをかいて努力をしない人が評価されず地位を失うというシステムを構築することによってもたらされよう。厳しいシステムと言われるかもしれないが、希望を削ぐ社会より数段ましだと私には思える。

フリーターの理想と現実

1　フリーター分析の視角

増大するフリーター

いわゆるフリーターについて関心が集まっている。フリーターとは、株式会社リクルートが、自由（フリー）な立場で一時的仕事（アルバイト）を選んでする人（ター）の呼称として作った和製外国語である。二〇〇〇年に、労働省（当時）が、『労働白書平成12年版』の中で、若者に急増するフリーターを取り上げている。そこでは、一九九七年のいわゆるフリーター（労働省（当時）は、一五歳以上三五歳以下の未婚者で、①就業上の地位が「アルバイト」「パート」となっているもの、②無業者のうち、アルバイト、パートを希望するものを分類）が、一五〇万人を超えているという集計結果が話題を呼んだ（一九八二年には、約五〇万人と集計している）。一方、リクルート・リサーチ社の推計では、二〇〇〇年時点で三〇〇万人に達しているとし、その実態調査を行っている（この数字には、派遣労働者が含まれている)。文部省でも、高校卒業者の約三割、大学卒業者の約1/4が、正規の職に就かない、いわゆるフリーターになっていることを重視し、実態調査を行っている。その後、新聞、雑誌などのマスコミで、特集記事が組まれるようになった。

言葉が一般化するとともに、若者たちの間でも、フリーターと自称する人々が現実に現れてきた。筆者の所属する大学の卒業者名簿にも、就職先欄にフリーターと書く人が出てきている。つまり、フリーターという存在が、人数的にかなりの規模に達した一つのライフ・スタイルとして、社会的に認知された存在となり、更に、行政の対象になりはじめていることは確かである。

リクルート・リサーチ社の調査、それを踏襲した労働白書での分析では、フリーターをその職業意識によって類型化している。順に示すと①自己実現型(確固たる将来の目標を目指しているが、生活のためにアルバイトをしているもの)、②将来不安型(漠然とした目標は持つが、特に取り組みは行わず、当面はフリーターをしている)、②′非自発型(将来不安型のうち、正社員になれなかったか、見込みがないのであきらめたもの)、③フリーター継続型、④その他(家庭に入るなど)である。

フリーターに関する議論をみてみると、①の自己実現タイプを強調すると、自分でやりたいことに打ち込み、自己実現をめざす好ましい若者像が描かれる。②の将来不安型を取り上げると、何をやっていいか分からない「モラトリアム」人間ができあがる。②′の非自発型を重視すると、現在の労働環境が若者にとって厳しい実態が見えてくる。③のフリーター継続志望者や④家庭に入ることを予定してフリーターでいる人は、仕事に関心を示さず、親に生活を支えてもらいながら、漠然と消費を楽しんでいる「パラサイト（寄生）・フリーター」として非難の対象になる。

実は、この分類は、フリーターの分類と言うよりも、フリーターを成り立たせる三つの条件、(1)労働観の変化——若者において、仕事における自己実現を強調し、選職意識が強まっていること、(2)就業状況の変化——希望する職の供給が減少している状況、(3)家族環境の変化——豊かな親と同居する未婚者（私のいうパラサイト・シングル）が増大し、正社員として働かなくても豊かに生活できる環境が整えられたことに対応している。

実際、フリーターの意識は揺れ動く。フリーターを成り立たせる条件のどれを強く意識するかによって、同じ人が自己実現型になったり、将来不安型になったり、非自発型になったりすることは容易に想像がつく。例えば、私が事例調査（生命保険文化センターの平成一一年度研究助成による）を行った中に、声優志望の女性フリーターがいた。彼女は、声優志望という点で自己実現型だが、現実に声優になる可能性はゼロに近いことを認識している点で将来不安型であり、声優になれない現実、なってもよいと思う正社員職が得られない現実を強調すれば非自発型となり、親と同居し生活を支えて貰いながらレジャーを楽しんでいる様子を見れば継続型ともいえ、早く相手を見つけて結婚したいという希望もあることをみれば「その他」に分類されるだろう。つまり、フリーターの分類は、分類する人の主観に左右されるということである。

また、分類に示されるような職業意識は、フリーター特有のものではない。定職に就いていても、確固たる目標をもっている若者も多いし、別の仕事をしたいのに、不本意な定職に就いているものもあるだろう。定職に就きながら、結婚して夫に養って貰うことをめざす女性もいるだろう。「フリーター」という社会現象を把握するためには、フリーターと定職に就いている人を分けるという発想そのものが問題である。フリーターという存在を、若者が置かれている職業状況、家族状況の中で把握しなければならない。

従来のフリーター分析に欠けていた二つの観点

フリーターに関する分析をレビューしている中で、従来の分析から見落とされているものが、二つあることに気づいた。一つは、ライフコースという視点であり、もう一つはジェンダー（男女差）の視点である。この二つの視点が欠落しているために、フリーターが本質的に抱えている問題点が見えなくなっているのではないかと考える。

ライフコースの視点の必要性　先に引用したリクルート・リサーチ社の調査類では、フリーターの現在の「希望」や「意欲」で、フリーターを分類している。しかし、本人にとっても、また、社会にとっても重要な点は、希望に対して「意欲」があるかどうかよりも、その希望の実現可能性や、可能であるかどうかの本人の認識の程度のほうである。たとえ、自己実現型で、夢に向かって一生懸命努力していても、将来、夢を実現できるとは限らない。また、結婚して専業主婦になることを前提にフリーターを続けていても、相手が見つかるとは限らないのだ。

夢をもって実現に向かって努力することよりも、どの程度（年齢と代わりの職）で夢を「あきらめ」られるかが、当人のライフコースを考えるに当たって重要な問題となり、マクロ的にも現在のフリーターの将来の姿を予測することが必要な課題になっているのだ。

また、フリーターのままでそこそこ豊かな生活をすることを支える親の状況も問題になるだろう。一〇年後、二〇年後になれば、親の健康状態や経済状況が悪化している可能性が高い。その時に、フリーターのままでいた人は、どのような就業・家族状況になっており、どのように行動するだろうか。

ジェンダーの視点　次に必要なのは、ジェンダー（社会・文化的性別）の視点である。労働白書や、フリーターに関する本においては、意図的にかジェンダーの問題は避けられている。現在も、男性が生活を支えるという意識は強く残っている。というよりも、男性（夫）の収入が家計のほとんどを支え、女性（妻）の収入はあっても家計補助程度という現実が存在する。

この現実を前提にすると、フリーターの男性と結婚しようとする女性はめったに現れないのに対し、女性フリーター（未婚を前提）の場合は、結婚して夫に生活を基本的に支えてもらうという期待はもてる（実現可能性はともかく）。少なくとも、現在では、女性はフリーターであることが、結婚の障害にはならない。この現実は、男女のフリーターの意識や将来設計に相当な違いを及ぼすはずである。

この二つの視点を中心に、現代若者の一つのあり方といわれるフリーターの職業意識を調査し、分析したものが本論文である。

2　フリーターの理想と現実

データサンプルの概要

まず、本調査のデータサンプルの概要を説明しておく。調査会社（社会調査研究所）が持っているモニター世帯（全国）の中から、一八歳から三九歳までの未婚者のうち、職業が「パート・アルバイト」であるものを有意抽出し、その中から無作為抽出したものをサンプルとした。三八〇票を配票し、有効回収二七〇票、回収率七一・一％であった。

性別は、男性二四・八％、女性七五・二％である（労働省（当時）の集計では、一九九七年時点で男性三四％、女性六六％）。学歴は、中卒五・一％、高卒四〇・七％、短大・高専卒三〇・四％、大卒二三・七％となっている（リクルート・リサーチ社調査では、高卒三五・四％、短大、高専一二・七％、大卒一七・五％）。平均年齢は、二三・六歳であり、二〇歳代前半が五七・八％と過半数を占めている。男性で三〇歳以上のサンプルはいなかった。

家族状況をみてみると、親と同居しているものが七三％、一人暮らし者が二一・六％、その他（恋人、友人、姉妹などと同居）が、四・四％である（リクルート・リサーチ社調査では、約八〇％が親と同居）。そして、約五五％が親の持ち家に同居している。

フリーターの主力が、非大卒の親同居女性であることがわかる。

表1　フリーターと未婚者の就労状況比較

表1-1　職種 (%)

	管理	事務	販売営業	専門	現業労務	サービス保安	農林	事業主	その他
フリーター男	—	3.1	23.4	4.7	3.1	56.3	—	—	6.3
〃　女	—	15.9	30.8	8.5	2.0	34.8	—	—	3.0
未婚男性	1.4	12.2	24.3	29.1	10.1	20.3	0.7	2.0	—
未婚女性	2.8	35.5	16.8	22.4	1.9	16.8	—	0.9	2.8

表1-2　労働条件の比較

	平均労働時間(週割時間)	平均通勤時間（片道分）	平均年収（万円）
フリーター男	37.92	26.65	120.23
〃　女	32.50	30.16	101.92
未婚男性	48.9	36.5	309.5
未婚女性	42.6	39.5	311.1

続いて、本サンプルのフリーターの就労状況を、一般の未婚男女と比較してみてみよう。比較の対象群として、同じく生命保険文化センターが二〇〇〇年に実施したワークスタイルと生活設計に関する調査のうち一般就労者調査の未婚男女サンプルを用いる。ただ、このサンプルにおいては、正規雇用者は五九・六％であり、男性では一六・一％のアルバイトが含まれることに留意する必要がある（表1）。

このように、未婚一般の男女と比較して、フリーターは、男性ではサービス・保安職が相対的に多く、女性は販売職が多い。そして、専門職が男女とも少ないことがわかる。これは、男性のサービス・保安職と女性の販売職が、アルバイト労働を前提に成り立っているという供給側の事情が大きいと考えられる。週平均労働時間では、未婚者の七五％（平均で未婚者四六・

表2　フリーターと未婚者の「自己実現意識」の比較

賛成，どちらかというと賛成を足した割合　(%)

	フリーター		一般未婚者	
	男性	女性	男性	女性
たとえ苦労が多くても自分の夢は実現させたい	59.7	61.6	68.2	75.7
高い目標を立ててそれに挑戦していきたい	53.8	49.3	69.6	58.9
専門的知識・技能を発揮できる仕事をしたい	77.6	73.4	82.4	76.6
専門的職業能力を高めたい	76.1	74.4	81.8	87.9
働かなくても暮らせるならば定職に就きたくない	44.8	50.8	40.5	32.7
努力や訓練が必要なことはあまりやりたくない	25.4	21.4	13.5	11.2

二時間、フリーター三三・八時間）に達しているが、平均年収では、未婚者の三分の一程度となっている。年齢構成が若干異なるという条件を考慮しても、収入的には割の悪い働き方であることはいうまでもない。

男女別に見ると、未婚男女に比べ、フリーターの男女は、平均週一〇時間短く働いていることになる。果して、フリーターは、その浮いた一〇時間を有効に活用しているのだろうか。

フリーターの就労意識1——自己実現意識

次に、フリーターの労働観や人生観の特徴について、一般未婚者と比較してみよう。

まず、仕事と自己実現に関する意識を、意識調査項目から拾って比較してみた。

表2からわかるように、夢や高い目標の追求という点から言えば、一般未婚者の方が強く自己実現意識を持っている。就労意識に関しても、専門的能力を生かしたいと思っている

表3　学歴別性別，自己実現意識（一部）　（％）

	男性		女性			
	大卒	高卒	大卒	短大	高卒	中卒
たとえ苦労が多くても自分の夢は実現させたい	66.6	65.8	80.5	64.9	47.2	54.6
働かなくても暮らせるならば定職に就きたくない	61.1	36.9	43.5	46.0	55.6	81.8

（男性中卒と高卒は，人数が少ないため表から省いた）

のは、一般未婚者の方が多い。

一方、定職に就きたくない、努力などやりたくないといった意見には、フリーターの方が賛成率が高く出てくる。特に、フリーター女性と一般未婚女性の差は大きく出てくる。

次に、実際に公的な資格や仕事能力の向上などの自己啓発を行った人の割合を比較してみても、一般未婚男性（三六・五％）、未婚女性（四五・八％）にくらべ、男性二八・四％、女性三九・四％と低くなっている。

このように、フリーターという働き方をしている人は、自己実現意欲はそれほど高くない。そうすると、若者の間で、「自己実現型」といわれる人々が、フリーターを選んでいるとは限らなくなる。むしろ、苦労を厭う意識が強く出ているのである。

少なくとも、この調査から見る限りは、フリータという働き方に積極的意義を見出そうとする意見に対しては、否定的にならざるをえない。

この傾向を男女学歴別にみてみると、興味深い結果を得た。男性では、大卒の方が高卒より自己実現意識が低く、苦労を厭う人が多い。一方、女性は、大卒の方が高卒に比べて自己実現意識が高く、苦労を厭う人が少ない。フリーターの中での「自己実現型」は、高卒男性と大卒女性に多く集まっている可

表4　フリーターと未婚者の就労意識比較

仕事が向いているかどうか　（%）

	向いている	どちらともいえない	向いていない
フリーター男性	40.7	43.8	14.1
フリーター女性	53.7	31.3	12.0
未婚男性	52.7	37.2	10.1
未婚女性	63.6	24.3	12.1

能性が高い。逆に、高学歴男性と高卒、短大卒女性で仕事に対する意欲がない層が多かった（表3参照）。

フリーターの就労意識2――本意か不本意か

次に、フリーターが本人にとって「不本意」な就労形態なのかどうかについて、見てみよう（表4）。

未婚男女に比べれば、現在の仕事に向いているという回答は低くなっている。現在のアルバイトは、「自分のやりたいことにつながるので選択している」人は、二一・九％にすぎず、（大卒女性では高い（二八・二％））であり、一方、「お金をかせぐため」は、六四・七％と多数派になっている。

そして、アルバイトという形に抵抗がない人が五二・九％、抵抗がある人が三一・二％、どちらでもない一四・七％となっており、自分が現に就いている仕事を積極的に選択しているわけではないが、不本意と言うほどの不満もないことがみてとれる。フリーターの親にしても、妥協してでも定職に就くようにと言っているのは、三八・五％にすぎず、好きな仕事がみつかるまでは（三三・〇％）、結婚するまでは（一一・五％）

表5　理想の就労形態　もし働き方が選べるとしたら　(%)

	民間	公務員	派遣	契約	日雇	アルバイト	自営業主	自営従業	自由業
フリーター男	31.3	23.4	―	―	―	4.7	20.3	―	20.3
フリーター女	21.4	26.9	2.5	5.5	0.5	15.4	7.5	2.0	14.4
未婚男性	31.1	14.9	0.7	2.0	―	2.0	19.6	1.4	24.3
未婚女性	33.6	11.2	1.9	4.7	0.9	8.4	7.5	1.9	26.2

構わないと思っており（と本人が認知し）、無関心と認知するもの一一・一%である。何らかの形で親の支援を受けるものは、七〇%程度であるが、支援をしている親の六三・三%は、喜んで便宜を図っているとフリーターは思っている。

3　フリーターの将来設計

フリーターの職業希望

フリーターは、必ずしも、希望してフリーターでいるわけではないことは、前章の考察でも示唆された。ここで、理想の就労形態を男女、フリーター、一般未婚別にみてみよう（表5）。

このように、自営や自由業のように独立志向は、むしろ、未婚一般男性の方に高く、フリーター、特に男性は、民間の正社員や公務員として働きたいとする割合が高まる。特に、男女とも、公務員として働きたいとする回答が、一般の男女に比べてかなり高くなっている。このデータからも、フリーターは必ずしも自由で不安定な立場を望んでいるのではなく、むしろ一般男女よりも安定した職を望んでいると言ってもいいだ

表6　10年後の希望と予定　(%)

	男性		女性	
	希望	予定	希望	予定
公務員・教員	14.1	6.3	5.0	2.5
大企業の正社員	7.8	3.1	4.5	0.5
中小企業の正社員	29.7	46.9	11.9	11.9
プロとして独立（自営業，自由業）	39.1	21.9	23.9	9.5
家業を継ぐ	—	—	—	0.5
このままアルバイトを続ける	1.6	6.3	6.0	14.9
配偶者に生活を支えてもらい自分のペースで仕事	1.6	4.7	30.3	36.8
仕事はしていない（専業主婦，学生など）	—	—	12.9	16.4
その他	4.7	7.8	1.5	2.5
不明	1.6	3.1	4.0	4.5

ろう。

また、学歴別に見ると、やはり、男女で様相が異なっている。男性高学歴者は、公務員希望が多い。一方、女性高学歴者は、民間正社員や自営、自由業の希望が多くなっている。

フリーターの将来意識

次に、フリーターに対して、一〇年後の働き方の希望と、現実にどうなりそうかという予定を聞いてみた（表6）。

このように、希望としては、男女ともプロとして独立が多く、男性では、中小企業や公務員も多くなっている。一方、女性は、希望では、三割、予定では三六・八%が、配偶者に生活を支えてもらい自分のペースで仕事を選んでいる。無職も専業主婦志向であると解釈し、これに足し上げると、結婚に期待する女性が、希望では四三・一%、予

表7　学歴別，年齢別，10年後の希望と，予定する職業形態（%）

		将来の希望				将来の予定			
		正規	独立	フリーター	結婚	正規	独立	フリーター	結婚
男性	高卒	47.3	38.9	2.8	2.8	55.6	16.7	8.3	8.3
	大卒	47.0	52.9	−	−	58.9	35.3	−	−
女性	高卒	17.8	15.7	12.9	48.6	12.8	5.7	22.9	52.9
	短大卒	21.7	23.0	2.7	47.3	12.2	8.1	10.8	60.8
	大学卒	28.2	41.3	−	23.9	26.1	19.6	8.7	39.1
男性	独居	43.8	50.0	−	6.3	43.8	50.0	−	6.3
	親同居	56.5	34.8	2.2	−	63.0	13.0	6.5	4.3
女性	独居	20.0	40.0	8.9	26.7	17.8	24.4	13.3	37.8
	親同居	20.4	23.9	6.0	43.2	14.3	5.4	15.6	57.2

（中卒，及び，男性の短大卒は数が少ないので表から省いた）

定では五三・二％に達している。

分析をしやすくするために、公務員や正社員を「正規雇用」、プロとして独立、家業を継ぐを「独立」、結婚して配偶者に生活を支えることを期待する人を「結婚」、このままアルバイトを続けるを「フリーター」とまとめて、学歴・親同居別にみてみた（表7）。

性別学歴別に見ると、男性は、正規社員希望が高卒、大卒にかかわらず強い。自由業や自営業などの独立志向も強い。しかし、女性は、高卒と短大卒では、結婚して夫に生活を支えて貰うという希望を抱く人が多くなる。大卒女性では、独立という希望が強いのが目に付く。

一人暮らしと親同居者を比較すると、男女とも親から独立している独居者に独立志向が強いことがわかる。

続いて、予定と希望のギャップを詳しく見てみよう（表8、9）。男性に関しては、それほど大きな

表8　希望と予定のマトリックス

男性

現状			理想の就労形態		
フリーター 100%			正規 54.7%	フリーター 4.7%	独立 40.6%
将来の希望			将来の予定		
正規 51.6%	フリーター 1.6%	独立 39.1%	正規 56.3%	フリーター 6.3%	独立 21.9%

女性

現状				理想の就労形態			
フリーター 100%				正規 48.3%	フリーター 15.4%	独立 23.9%	
将来の希望				将来の予定			
正規 21.4%	フリーター 6.0%	独立 23.9%	結婚 43.2%	正規 14.9%	フリーター 14.9%	独立 10.0%	結婚 53.2%

表9　男女別の将来の希望別に見た，将来の予定する職業形態 (%)

	男性					女性				
	正規	フリーター	独立	結婚	その他	正規	フリーター	独立	結婚	その他
正規	81.8	3.0	6.1	—	9.1	51.2	9.3	—	39.5	—
フリーター	—	100.0	—	—	—	—	83.3	—	8.3	8.3
独立	36.0	8.0	48.0	8.0	—	8.3	10.4	39.6	39.6	2.1
結婚	—	—	—	100.0	—	4.6	12.6	1.1	78.2	3.4
その他	—	—	—	—	100.0	—	—	—	18.2	81.8

ギャップは見られない。表には出さなかったが、大企業正社員や公務員希望がかなわず、中小企業正社員になる予定と回答する人が目立った。ギャップが大きいのは、プロとして独立希望の人であり、半分は希望が叶えられないと思っていることがわかる。

一方、女性の場合は、結婚が逃げる手段に使われていることが明白である。正規社員を希望する人も、現実にそうなれると思っている人は半数に過ぎず、一割はフリーターのまま、四割は結婚して配偶者に生活を支えてもらっていることを「予定」している。独立志向の人も似た傾向である。

しかし、フリーターが想定している「予定」でさえも、実現可能なものかどうかは、定かでない。例えば、結婚相手が見つかるかどうかという不安は、配偶者に生活を支えてもらうことを予定している女性の中で最も高く四八・八％に達しているのだ。

正規雇用や独立を予定だと思っていても、正社員として雇ってくれる保証、プロとして独立してやっていける保証はどこにもない。正社員でさえも、失業の可能性がある時代である。正規雇用者に比べ、様々な意味で能力開発ができないフリーターを囲む労働環境は厳しくなることは容易に想像がつく。

4 「はみだし」始めた若者としてのフリーター

フリーターの多様性

以上、何点かにわたって、フリーターの職業意識と未来の職業設計に関する結果を分析してみた。全体としてみると、フリーターは、フリーターという職業形態を積極的に選び取っているわけではない。そして、フリーターではない形での就労の希望を持っている。だからといって、希望の職業形態に向かって積極的に多大な努力をするわけでもない。仕事における自己実現意欲や自己啓発への投資意欲は、一般の未婚者に比べて、高いとはいえない。

もちろん、現実のフリーターは、以上の特徴で要約されるものでなく多様である。調査結果を性別と学歴をキーにして分析した結果に基づいて、「将来の見通し」を軸に、フリーターを四つの類型に分けることができる。

まず、大卒の男性に多く見られるタイプで、公務員や大企業社員を希望するなど安定志向が強く、どちらかというと労働意欲が低いフリーターである。将来は、「割りのいい職」に就きたいと思い、その割りのいい職に就くまでの間、フリーターをしているというタイプである。

次は、高卒の男性に多く見られるタイプで、正規雇用に就きたいが、雇用情勢が悪いためにフリーターに留まっているタイプである。

女性では、短大卒以下の学歴では、将来、結婚して夫に生活を支えてもらうことを前提にフリーターを続ける人が多く、この層がフリーターの主力となっている。女性にとって、フリーターであることは結婚の障害にならず、結婚すれば、キャリアを積むことを考える必要がなくなると思っている層である。

最後に、大卒女性に多いフリーターとして、プロとして独立することをめざしたり、自分でキャリア形成を行うというタイプである。もちろん、これは、大卒女性に限ったことではなく、男性や短大以下の学歴の女性にも存在するタイプである。今の企業社会に自分を生かす居場所がないために、独立するまで、または、専門を生かせる職が見つかるまで、フリーターでいるというタイプである。

正規雇用から「はみ出し」た存在としてのフリーター

いままでは、このような四つのタイプのフリーターは、正規雇用の中に吸収されていたものである。男子大学生にとって、いろいろな意味で自分の希望にあった「割のいい」職が存在した。高卒の男性にとっては、贅沢をいわなければ、正規雇用の職が存在した。結婚志望の女性にとっても、一般職として正規に仕事をしながら、結婚相手をみつけることができた。というよりも、職場結婚が多い日本では、大企業に一般職として正規に勤めていた方が、収入の多い（妻子の生活を支えられる）結婚相手にめぐりあう確率が高いのである。また、男女に関わらず、プロとして独立、自営をめざす人も、一旦は正規に就職し、就職している中で、技能を磨き、人脈を蓄え、独立をしていったのである。正規雇用を経ずに、いきなりプロとして独立しようとしても、成功する確率は低い。

つまり、いずれにしろ、今フリーターでいる若者は、フリーターでいる「職業上の」積極的必然性が存在しないと結論づけることができよう。

以上のことから、フリーターは、正規雇用から「はみ出した」人々からなっている社会層ということができる。そのはみ出し方は、タイプによって異なっている。「割のいい職」を希望する安定志向の比較的高い学歴の若者にとっては、割のいい職自体の数が減っている（そして、割のいい職を希望する学歴の高い若者の数が増えている）ことによってはみ出している。とりあえずの「正規雇用」をめざす若者にとっては、高卒向きの正規雇用の新規求人の減少によってはみ出さざるを得ない状況が生じている。そして、OA化などによる一般職の減少によって、いわゆる「腰掛け」で、結婚退職希望の女性の行き場がなくなっている。経済の構造転換と、不況によって、従来型の職業意識をもった若者の行き場がなくなり、フリーターとしてはみ出しているのだ。

一方、独立を目指す若者、キャリアを積みたいと思っている女性にとっては、今の企業社会にそもそも居場所がないから、フリーターとして正規雇用から「はみださざるを得ない」状況なのだ。

現在、その「はみだし」の圧力はますます強まっている。今後の若者の雇用対策を考える場合、フリーターがいろいろな形で正規雇用をはみ出した存在であることを念頭におく必要があるだろう。

豊かな親が若者の失業問題を隠蔽している

1　家族状況・労働観と労働問題

若者の失業率が上昇している。それだけではなく、学卒後も正社員として働かない非正規雇用者、派遣社員やフリーターと呼ばれる若者が増えている。

私は、若者の今日的な労働状況を、若者をめぐる家族状況の変化、そして、若者の労働観の変化と関連づけて論じたい。

労働社会学者や経済の専門家は、労働問題を純粋な経済現象としてとらえる傾向がなかったろうか。その裏には、「標準的な家族モデル」と「経済学的人間像」が暗黙の前提として置かれていたのではないだろうか。

標準的な家族モデルとは、若者は学卒後、一人暮らしをし、二〇代半ばには結婚し、男性は妻子を養い、女性は専業主婦かパートをして一生を送るというモデルである。

経済学的人間像とは、「人間は最も効率よく働く」という前提である。

たしかに、一九七五年ごろまでの高度成長期は、これらを前提にしても大過なかった。しかし、現代日本の若者の労働環境を考察する際には、この二つの前提が崩れている。三〇歳男性の未婚率は二〇〇〇年には五〇%、女性も三〇%を超えると推定されている。成人未婚者の多く（男性六割、女性八割）が親と同居し、五〇代、六〇代の豊かな親に生活を支えられ、リッチな生活をエンジョイしている。このような若者たちを、親に寄生している状態ととらえ、パラサイト・シングルと呼んだのである（拙著『パラサイト・シングルの時代』ちくま新書、一九九九年、参照）。短期的には、一所懸命働かなくても、豊かに生活できる家族状況が、今の多くの若者に与えられたのである。

次に労働観に移ろう。人間、働かなくてもいい生活ができるなら無理して働かない。マックス・ウェーバーが指摘したように、「効率的に働くこと」が自己目的化するためには、「資本主義の精神」が浸透していなければならない(1)。少なくとも今の若者には、この精神が浸透しているとは思えない。ある外資系の管理職の人でさえ、「日本企業から移って最も損をしたのと思うのは、さぼったり、だらだらした時間を過ごす喜びを失ったことだ」と語っていた。適した仕事があれば働くはずだという前提は、今の若者には通用しない。また、仕事には「見栄」の要素がある。まわりから見て「よい」と思われる職業でなければ、就きたくないと思うのも人情である。

労働環境が変化していないわけではない。たしかに、今の若者の就業状況はたいへん厳しい。その厳しい状況が、若者の不就労を促進していることはいうまでもない。その厳しい状況が結果的に、自立しない若者を生み出し、労働観を変化させている。そして、その変化した家族環境と労働観が、今度は、労働環境にフィードバックされるのである。

従来、労働問題は、家族状況と労働観を「定数」、もしくは、せいぜい「外生変数」として扱ってきた。しかし、現代社会では、家族と労働観を「内生変数」として考える必要があるのである。

2　高度成長期の若者の労働観

私が言いたい点は、若者にとって相対的に厳しい労働環境と豊かな親が、若者の労働観を変えつつあるということである。

その前に、高度成長期の若者の労働観を振り返ってみよう。一九七〇年代までは、仕事は、若者（男性）にとって、自立の手段であるとともに希望のシンボルであった。

当時の若者の家族環境は、親が相対的に貧しかったため、決して豊かでなかった。地方出身の若者は、都会で一人暮らしをした。親元に同居していても、給与を全部親に渡してから小遣いをもらうというパターンが主流だった。企業に就職して自立することは、貧しい生活からの解放の一つのステップだったのである。

就業環境も、社会が産業化途上であり、若年労働者が不足していたがゆえに、若者（男性）たちは相対的に親よりも収入的に割のよい職（これが、人から見てもよい職の基準）に就けた。そして、親からの自立志向が高いがゆえに、結婚が早くなる。その後、夫は仕事、妻は家事・育児をして、豊かな生活（広い家と、家電製品に囲まれた快適な生活）を実現するという夢を持ったのである。その夢の実現の前提として、男性労働者の収入が高くなり続けるという前提があったのである。決して仕事自体が面白いから、仕事に没頭したわけではない。「家族に豊かさをもたらす」がゆえに、仕事が夢実現のシンボルとなったのである。

3　労働の意味の変貌

しかし、今の若者にとっては、仕事は自立の手段や希望のシンボルとしての意味を失い、その代わりに、「苦役」と「見栄の手段」となりつつある。

近年生じてきたことは、豊かな親の元で育つ若者が増大したことである。極端に言えば、生まれたときから個室を持ち、快適な家電製品に囲まれて育っている。豊かな生活は、仕事の先にある将来の希望ではなく、仕事をしなくても得られている当然の現実である。学卒後も、五〇代、六〇代の多くの親は、豊かな生活を子どもに与え続ける。

仕事によって自立する必要がなければ、苦労が伴う仕事は「苦役」となる。もちろん、多くの若者は、親に支えられる状態が長く続くとは思ってはいない。しかし、とりあえず、豊かに生活できれば、仕事がもたらすつらさから逃れようとする若者が増えてもおかしくない。人間は、長期的合理性に基づいて行動するとは限らないし、終身雇用が根強い日本では、企業規模が小さく成長の見込みがない企業に就職してしまったら、長期的に見ても、一生損をする。

そうすると、仕事は、「見栄」の要素が強くなる。まわりの人から見て「いい」と思われる職でなければ就きたがらない。つまり、仕事への「期待水準」が高くなっているのだ。若者の親自身がその期待水準を高めている。教育投資を多くしたがゆえに、子どもに相応の職業に就いてもらわなければ、親戚や近所の人にも格好がつかない。日本において、世間体が残存していることが、若者の不就労を促進しているのだ。また、親は、自分の息子に父親以上の職に就いてほしいと思っている。父親が高学歴でよい職に就いていれば、子どもはプレッシャーをうけるのだ。

一方、職場環境は、一九九〇年代を通して、悪化している。まず、第一に、若者にとって、期待に沿った「見栄えのよい職」が減っているということだ。だいたい、見栄えのよい職とは、名の通った大企業の事務、専門職である（また、多くの女性にとっては、大企業の一般職である）。大企業だって倒産するかもしれないというのは、実際に大企業に勤めているから言えるのであって、中小企業のほうがもっと倒産しやすいのは自明の理だ。そして、やる気のある若者にとっても、年功序列的職場では、やる気が削がれてしまう。若者にとって、魅力的な職場がさまざまな意味で減少しているのだ。

失業している若者は仕事をしたくないわけでもないし、フリーターは、正規雇用に就きたくないわけでもない。しかし、希望する職は現実に減る一方であり、希望水準だけが高くなる。

経済学の仮定に反して、そのギャップが自動調整されない。なぜなら、職が見栄の手段であるため、希望のランクを下げるという意志もなければ、親元が豊かゆえに、その必要もない状況にあるというのが、現代の若者の特徴なのである。

若者のやる気を引き出す職場を提供できていないことが問題とならずに、豊かな若者が消費に走る。つまり、豊かな親が子どもを依存させつづけていることが、若者の失業問題を隠蔽し、改革への圧力を弱めているのだ。

注

（1）マックス・ウェーバー『プロテスタンティズムの倫理と資本主義の精神』大塚久雄訳、岩波文庫、一九八八年

Ⅳ　専業主婦の黄昏

専業主婦の黄昏

1　キャリア・ウーマンの夫の幸福

最近、マスメディアなどで、専業主婦に関する議論が活発になってきた。林道義氏が『主婦の復権』で専業主婦を持ち上げる一方、ジャーナリストの石原里紗氏は『ふざけるな専業主婦』を出版し、専業主婦バッシングを行い話題になっている。

ここでは、専業主婦がよいかどうかという議論は、脇に置いておこう。専業主婦の利点を挙げればきりがないし、専業主婦の欠点を数え上げればばたくさん出てくる。ふざけるなと思える専業主婦もいれば、文句のつけようがない専業主婦もいるだろう。専業主婦の善悪を論じても、水掛け論になるだけである。

本論では、従来の議論に欠けていた二つの点を中心に議論を進めてみたい。一つは、「男性」の視点であり、もう一つは、経済格差の問題である。

女性が、結婚・出産後にも働き続けるかどうかという選択は、従来「女性」問題と考えられてきた。「男性は、妻が専業主婦になることを望む」ことが暗黙の前提になっており、その上で、女性が働くのはよいか、悪いかという議論がなされてきた。確かに、男女間の賃金格差が大きかった時代には、そのような前提を置いても間違いなかったろう。しかし、今となっては、専業主婦問題は、男性と無関係とはいかない。妻の働き方いかんによって、夫の生活の豊かさが大きく変わる時代になっている。もう、専業主婦が夫にとって望ましい存在とはいえなくなっているのだ。

まず、次のエピソードをみていただきたい。

友人のキャリア・ウーマン（四〇歳代、子あり）が、「うちの夫は幸せだと言っている」とこぼし始めた。『俺は稼ぐ奥さんもって、ほんとうに幸せだ、給料の半分は自由に使えるし、無理に残業する必要ないし、イヤになれば転職できるし』としみじみいうのよ」と嘆いていた。確かに、子どもが乳幼児期には、子育てと仕事の両立は夫にとっても大変だけれども、子どもが大きくなれば手はかからなくなる。そして、キャリア二人の収入を合わせると相当な金額だ。広い家に住めるし、趣味も楽しめる、子どもの教育費用も心配ない、何よりも、無理して会社のために働く必要はないという心の余裕が生まれる。

一方、片働きの中年男性はつらい。この不況の中、たとえ、平均以上の収入を稼いでいても、森永卓郎氏が「四〇代男性の三大不良債権」と呼んだように、専業主婦を養い、子の教育費用を負担し、住宅ローンの支払いがあれば、経済的余裕などなくなる（『プレジデント』平成一二年七月三一日号)。先日、新聞でお父さんの小遣い特集を組んでいたが、ささやかな額の小遣いで我慢しなければならない中年の父親の哀しい姿が描かれていた(平成二二年一〇月二九日~一一月一日『朝日新聞』朝刊)。リストラの不安におびえ、給料は上がらない。朝から晩まで身を粉にして働いて、小遣いは少なくなる一方、マイホームには居場所がない。家事をしないというのがメリットだけれども、会社に縛りつけられて動きがとれない身を考えれば、生活を楽しんでいるとはとてもいえない。

専業主婦の夫は負け組!?

そう思って、まわりを眺めてみると、妻がフルタイムで共働きを続けてきた夫婦と、夫一人しか働かない片働き夫婦との豊かさの格差が目立ってきている。四〇歳代のキャリア夫婦はまだ少ないのだから、総理府の調査などでは、四〇歳代男性の生活満足度が最も低く出ている。

一方、三〇歳代では、育児期も共働きを続けてきた夫婦がけっこう増えている。たとえば、私の勤務する大学では、男女とも教員、公務員などに就いている卒業生が多い。その中で、教員や公務員同士で結婚して共働きをしている夫婦は、子どもを育てながら、都心のマンションや一戸建を早々と購入しているし、家族そろって海外旅行などを楽しんでいる。一方、出産退職した女子卒業生、妻が専業主婦になった男子卒業生など、片働きとなっている夫婦は、住宅費の支払いなどで生活にゆとりはほとんどない様子だ。

地方に講演に訪れた時、県のある幹部職員(男性)が、「同期の公務員で共働きをしているやつはいいですよ。御殿が建ってる」と言っていたのを思い出す。地方に行けば、公務員の給料二人分あれば、人がうらやむ豪邸に住めるのだ。

不況といわれるご時世でも、男性二人分の給料で生活できる共働き夫婦は、生活を楽しむゆとりがある。一方、夫一人の収入しかない片働き夫婦は、将来の生活設計に不安を感じ、消費を手控えざるを得ない。

経済の構造転換が進む中、企業やサラリーマンの中で、「勝ち組」「負け組」がはっきりしてきたと言われている。その中で、三、四〇歳代家族をあえて評価するならば、勝ち組は育児期も共働きしつづけた夫婦であり、負け組は、専業主婦、もしくは、低賃金のパートで働く主婦をもつ家族である。

この状況を考えれば、髪結い亭主ではないが、女性のフルタイム就労は、夫のためでもあるといえないだろうか。女性のための職場進出と言いながら、共働き（女性が男性に近い賃金をもらっているケースに限るが）で最も恩恵を受けるのは、その夫なのである。

2　専業主婦とは何か

次に、検討する必要があるのは、専業主婦の経済格差の問題である。議論に入る前に、まず、私なりの専業主婦の定義を示しておきたい。

専業主婦を論じる際に陥りやすい最大の間違いは、専業主婦を一つの職業として捉える見方である。専業主婦の仕事は、家事や育児や介護であると言われる。しかし、家事や育児や介護は、専業主婦の特権的仕事ではない。共働きの妻や夫、シングルマザーも、家事、育児は行っているのである。家事、育児はすばらしい仕事だという意見があるが、すばらしい仕事を行っているのは、専業主婦だけではないことに留意すべきである。

私は、専業主婦を「自分の生活水準が夫の収入に連動する存在」と定義している。例えば、年収三〇〇万円の夫をもつ専業主婦と、年収一千万円の夫をもつ専業主婦とでは、生活水準が大きく異なる。しかし、年収一千万円の夫をもつ専業主婦が年収三〇〇万円の夫をもつ専業主婦の三倍多く家事をするわけではない。むしろ、高収入の夫をもつ専業主婦なら、皿洗い機を買ったりベビーシッターを頼んで楽ができる。中には、人任せで、家事を全くしない「専業主婦」もあり得る。一方、収入の低い夫を持つ専業主婦は、節約したり、安いモノを買うために、相当の努力を強いられる。夫の収入格差が、そのまま、自分の生活格差となる。主婦自身がいくら努力しても、生活のゆとりが増すわけではない。

夫の収入が高い専業主婦と低い専業主婦を一緒にして論じてはいけない。従来の主婦論の見落としていた点は、まさにここにある。あえて触れられなかった点かもしれない。夫が高収入なら、カルチャーセンターやボランティア活動などできるし、大学院にだって行ける。ピアノ、「お受験」にと子どもに教育投資することもできる。しかし、夫の収入が低ければ、いくら自分に能力や意欲があったとしても、活動に制約を受けるし、家計補助のため、内職やパートをしなければならなくなる。

未婚女性に、結婚後、仕事と家庭の両立を望むか、専業主婦を望むかという質問がよくなされる。しかし、これは、愚問である。専業主婦は、職業ではなく立場である。「高収入を稼ぐ夫の専業主婦ならなってもよいが、夫の収入が低ければイヤだし、無理」というのが、多くの女性の本音であろう。

この定義では、年間一〇〇万円程度稼ぐパート主婦も、準専業主婦として扱う。その程度の年収では、夫の収入を補うことはできても、夫の収入格差を逆転することはできない。博報堂生活総合研究所の調査（『九〇年代家族』）でも、妻の収入が夫の収入の三分の一を超えないと、家族関係への影響はほとんど出てこない。

夫の収入レベルは、単に経済的生活水準だけでなく、主婦の心理的プライドにまで影響する。主婦が毎日行っている家事労働の「出来」は、他人からまず関心を持たれない。近所の井戸端会議や学校のＰＴＡ、同窓会から親戚まで、専業主婦が注目されるのは、どのくらい立派な家に住み、高価な服を着ているかなどの消費生活のレベル、夫の学歴、職業、地位、子どもの行っている学校のレベルなどである。

自分の行う仕事（家事）は評価されずに、むしろ、どれだけ「楽」ができているかを、まわりの人々は評価する。経済的生活水準と同じく、他者からの評価さえも、自分の能力、努力ではなく、夫の経済力に連動してしまう存在が専業主婦なのである。

夫の収入が上がらない

このようにみていくと、専業主婦は、不安定で不合理な存在だということができる。

高収入の夫をもつ専業主婦は、経済的には満足した生活を送れるかもしれない。しかし、自分で自分の人生を切り開くという自己実現の道は開かれていない。人からよく思われるのは、自分の実力の結果ではなく、夫の実力であることを専業主婦自身はよく知っている。一方、夫の収入の低い専業主婦は、「夫の収入が高ければいい生活ができるのに」という潜在的不満と隣り合わせである。そして、「お父さんみたいな人にはならない（結婚しない）ように」と息子（や娘）をせっつく母親も出てくるのだ。

専業主婦をもつ夫の方も、不満を持ちやすいことでは一緒である。高収入の夫は、自分で稼いだお金を妻や子どもに使われているという「不公平感」を持ちやすく、収入が低い夫は、「あなたがもっと稼げれば私はこんな苦労しなくてすむのに」という妻からの有言無言の圧力にさらされる。

これだけ、構造的に不満を持ちやすいにもかかわらず、専業主婦が維持されてきた理由の方を考察する必要がある。結論を先取りしていえば、サラリーマン―専業主婦型家族の不満を抑制していたのは、「夫の収入が上がり続けるという期待」であった。

日本では、経済の高度成長期、戦後から一九七〇年代までは、専業主婦は社会経済的に適合的な存在であったといえる。しかし、一九八〇年頃から、事情が変化し始めたのだ。低成長期は、夫の収入が上がり続けるという期待が失われていく過程であった。

その結果、現在の専業主婦は極めて矛盾した存在となっている。岩澤美帆氏（国立社会保障・人口問題研究所）は、詳細なデータ分析によって、若い女性にとって、専業主婦は、「実現しにくく、実現した場合は本意ではない」ものになっていると結論づける（『人口問題研究』五五巻四号）。つまり、専業主婦になりたい人は専業主婦になれず、専業主婦になりたくなかった人が結果的に専業主婦になってしまうということである。この命題を私なりに解釈すれば、高収入の男性と結婚して楽をしたいと思う女性は学歴の低い女性が多く、高収入の男性と出会うチャンスが少なくてその願いがなかなか叶わない。一方、仕事で自分の能力を生かしたいと考える女性は、自分よりも能力のある男性に魅力を感じ、忙しい高収入の男性と結婚して、専業主婦にならざるを得なくなっている状況が出現しているということだ。

この傾向をみると、専業主婦の歴史的役割は終わったと考えてもかまわないだろう。

3　専業主婦の歴史的役割

専業主婦の歴史的役割という言葉は、大げさだと感じる方も多いかもしれない。

しかし、家族の歴史を研究していると、専業主婦という存在は、社会を産業化させることによって、豊かな社会を作り出す装置の一つであったと考えることができる。イギリスやアメリカなど、早く産業化した国ほど、産業化の完成直後の専業主婦率が高いことからもわかる。

専業主婦に機能的に等価な装置は、もう一つある。それが、社会主義体制である。家族論の観点からみると、社会主義は、専業主婦の存在なしに、産業化を推進するシステムなのである。旧ソ連などでは、女性が専業主婦になることなく、産業化が進んだ。女性が外で働き、保育所など専業主婦に代わるサービスを国家が用意したからである。日本は、戦後、専業主婦化を国家主導で推進したというケースと位置づけられるだろうか。

この三〇年の間に起きた、欧米における専業主婦の大幅減少と、社会主義諸国の崩壊とは、連動していると私には見える。産業化が完了し、社会経済のシステムが大転換を遂げる中、欧米では専業主婦システムが崩壊し、東欧では社会主義経済システムが崩壊したのである。専業主婦を維持したまま、もしくは、社会主義体制を維持したままでは、新しい社会経済的状況に対応できなくなった結果生じた現象だと考えられる。

専業主婦はあこがれだった

足早に専業主婦の歴史を振り返ってみよう。改めて言うまでもないが、専業主婦という存在は、近代社会の発明品である。社会が産業化される前は、多くの庶民の仕事は、農業や自営業であって、女性も、家業を維持するために、生産労働に従事していたのである。

日本でも、戦前の人口の大部分が農業や自営業に従事していた。また、労働者は賃金が低く、就労も不安定だったので、妻が専業主婦でいられる余裕はなかった。官僚や軍人、大会社の管理職の妻など少数の例外を除き、専業主婦はほとんどみられなかった。

欧米では戦間期、日本では、戦後の高度成長期に専業主婦が増大する。それは、農業など自営業が衰退し、「企業」が生産の主役となる社会の出現と表裏一体のものである。経済が発展し、企業が勃興すると、工場や会社で長時間働く労働者（ホワイトカラーを含む）が必要となる。企業の側から見れば、専業主婦のいる家族とは、労働者を二重の意味で供給してくれる装置である。労働者の身の回りの世話は、専業主婦が行ってくれる。何よりも、未来の労働者である子どもを、教育投資して、知識や技能をもった労働者（サラリーマン）に育ててくれるのだ。

これは、家族の側から見ても、悪い話ではなかった。男性にとっては、家事や育児を一切引き受けてくれる専業主婦がいることは楽だと思えたし、女性にとっては、農作業など外での仕事をしないで済む専業主婦になることは、一種のあこがれであったのだ。

企業は、男性労働者に、妻子を養える給料を安定的に長期間供給した（生活給という）。しかし、企業が家族に供給した最大のものは、「夢」と「希望」なのである。それは、「男性は仕事、女性は家事・育児をして、一生懸命努力すれば、豊かな生活が築ける」という夢である。「希望」は、努力が報われるという見通しがあるときに生まれる（ランドルフ・ネッセ）。長時間労働であっても、単調な家事・育児であっても、努力して頑張れば豊かな生活が待っているという確実な見通しがあったから、高度成長期の家族は、夢をもてたのだ。そして、多くの家族にとって、その夢は現実のものとなったのである。

夢が希望として維持される条件が一つある。それが、「男性労働者の収入が、安定しており、増大しつづける」という条件、つまり、終身雇用と年功序列賃金である。

この条件こそが、戦後からオイルショックまでの時期に、企業が供給できたモノであり、現在の企業が供給できるかどうか怪しくなっているモノである。「終身雇用と年功序列賃金体系」は、サラリーマン―専業主婦型家族の夢を支え、不満を抑制していたのだ。

夫による収入の格差は存在したとしても、現実に自分の生活が豊かになり続けていれば、不満を持ちにくい。なにより、夫の収入格差は、時間によって解決されると意識できたのである。隣の家が、カラーテレビを買っても、一年後にはうちでも買える。同じ社宅の住人が、一戸建に引っ越しても、数年後に頭金が貯まれば、うちだって住めると思うことができた（先日、ある社宅で起きた主婦による乳児殺人未遂事件は、近年、このメカニズムがうまく作動しなくなった、つまり、収入格差を時間差として意識できなくなったことを象徴しているように思えてならない）。実際、この時期、男性の収入格差は、縮小傾向にあったのである。

つまり、女性は、定職についている男性と結婚すれば、生活が豊かになるという見通しがもてたから、安心して専業主婦になって、豊かな生活という夢をみることができたのだ。

4　専業主婦の黄昏

企業が安定した雇用と、増大する収入を提供できなくなったとき、専業主婦システムは、その経済的、心理的存立基盤を失う。

日本では、一九七三年のオイルショックが転換点になった。経済の高度成長が終焉し、男性労働者の大きな収入の増加が見込めなくなったのである。その上、男性労働者の収入格差が再び開き始めるのも、このころからである（橘木俊詔『日本の経済格差』岩波書店、一九九八年、佐藤俊樹『不平等社会日本』中公新書、二〇〇〇年参照）。

収入の伸びが期待できない男性と専業主婦の組み合わせでは、将来の生活に希望がもてなくなったのだ。既に結婚している専業主婦は、夫の給料を補うため、パート労働に出るようになる。一方、未婚女性は、収入が高くなる見込みが薄い男性との結婚をためらう傾向が強まる。

戦後一貫して上昇していた専業主婦率は、一九七五年をピークに下降に転じ、パートで働く主婦が増える。未婚率が上昇を始め、その結果、少子化傾向が進む。この時期を、専業主婦体制の微修正（主婦のパート労働者化と晩婚化）の時期ということができよう。微修正に留まったのは、終身雇用は守られたのと、税制など様々な専業主婦の優遇政策が実施され、「夫の収入と自分の生活水準が連動する」という専業主婦の本質は維持されたまま、問題が先送りされたからである。

一方、アメリカでは、一九五五年には七七％だった専業主婦率が、一九九九年には、二三％にまで劇的に低下した（賀茂美則ルイジアナ州立大学准教授の計算による）。一九七〇年代の不況は、日本よりも深刻で、男性の雇用不安が強まると、貧乏な専業主婦よりも、豊かな共働きの方が望ましいと、共働き社会にさっさと転換したのである。現在のアメリカの好景気は、この時期に共働き化して、二人分の収入をもつ夫婦の旺盛な消費活動に支えられているとみているのだが。

パラサイト・シングルの末路

日本では、二一世紀を迎える今となって、男性サラリーマンの雇用が不安定化し、収入上昇の見込みが立ちにくい状況になっている。このような状況では、サラリーマン—専業主婦型家族には、希望が失われていく。まず、結婚時点で、若い男性一人の収入では、豊かな生活を維持するのが難しくなっている。しかも、結婚を遅らせる傾向はますます強まっている。結婚したとしても、夫の給料が上昇するという見通しがもてない。専業主婦のままでは、豊かな生活を築くという夢は実現不可能なものになりつつある。

現在の時点の日本家族は、専業主婦体制から夫婦共働きを中心とした体制への移行期であり、五つのタイプのライフスタイルが共存している状態と捉えることができる。

①　共働き夫婦（妻—男性並収入）

② 片働き―専業主婦
③ 共働き夫婦（妻―低収入）
④ 親と同居する未婚女性
⑤ 低収入未婚男性

「努力が報われる」という希望がもてる条件に合致しているのは、①のケースだけである。男性二人分に近い収入がある共働きなら、多少収入が低下しても、豊かさの維持は可能である。子どもが大きくなり、手がかからなくなったら、豊かな生活を維持したまま、レジャーを楽しむ生活が期待できる。好きな仕事に転職したり、キャリアアップのために勉強し直すこともできる。ただ、現在の環境では、女性が男性に近い給料を稼ぎながら、子どもを育てていくことは苦労が伴う。だから、子どものいる三〇歳代のフルタイム共働き女性の多くは、両立環境が比較的整っている教員、公務員、看護婦、薬剤師などの専門職に集中している。

②のケースは、徐々に少なくなる。家族に一生豊かな生活を保障できるほどの収入が高い男性の数は減少する一方だからだ。

③のケースも限界に来ている。年間約一〇〇万円というパートの働き方では、相対的に低くなった男性の収入を補うには少なすぎる。妻は、仕事と家事という二重負担を引き受けても、生活水準はそれほど向上しないし、低賃金で昇進がない仕事自体が生き甲斐とはならない。男性側にも二重

負担が回ってくる。踏んだり蹴ったりのケースに陥りかねない。

④は、高収入の男性と巡り会って専業主婦にという希望が結果的に叶えられずに、親元で年をとっていく女性が中心である。親が元気なうちは、私がパラサイト・シングル（親に寄生する独身者）と呼んだように、リッチな生活を楽しめる。しかし、四〇歳を迎える頃には、親が弱り、仕事も中途半端、住宅も老朽化する。⑤のケースも専業主婦体制を前提とする限り、親と同居していようが一人暮らしであろうが、収入の低い男性は、女性から結婚相手として選ばれにくい。ある収入が低い男性は、インタビューに対し、「オレと結婚したら、奥さんがかわいそうだ」——と回答した。

④⑤とも、将来の展望がもちにくいライフスタイルである。

現在の経済状況では、①が勝ち組となり、②—⑤が負け組となる。負け組の企業なら潰して、新たに企業を興せばよいが、家族ではそうはいかない。大部分の男性労働者の賃金の伸びが期待できないのだから、②—⑤から、①のライフスタイルへの転換を進めることが、社会政策の課題となる。ただ、今の男性並の仕事の仕方で、女性も働くということではない。夫婦とも長時間労働をしたら、それこそ家庭がこわれてしまう。男女とも、残業などせず、そこそこの収入を得ながら働くというスタイルが理想として、求められる。

五〇歳以上の夫婦に対して、今さら、ライフスタイルを変えろといっても無理だし、サラリーマン—専業主婦型家族で豊かさという夢を実現した人々であるから問題ない。ただ、彼らの息子や娘たちに、自分たちと同じようなライフスタイルを押しつけないでほしい、パラサイト・シングルを作り出さないでほしいというのが私の希望である。

二〇歳代、これから結婚や子育てをしようとする若い人々は、専業主婦のまま豊かな生活を築くことはできないし、退職後、パート労働で補おうとしてもたいへん不利であることを、十分肝に銘じて生活設計をすべきである。そこで、男性並の収入を維持するために、女性は、①育児期間中も働くか、②育児休暇で同じ職場に復帰するか、③育児終了後、別の職場に能力に見合った条件で再就職することが必要となる（④主に男性に育児を任すという手もあるが）。現在、①で行こうとすると、男女とも労働（プラス通勤）時間が長く、保育環境が未整備なために、若い夫婦に多大の苦労を強いることになる。②の制度は、教員、公務員や一部大企業で整っているが、すべての企業で同条件での職場復帰が保証されているわけではない。最も遅れているのが③で、日本社会では、一度仕事をやめた女性が、能力に見合い、まともな収入の得られる職に就けないような慣行が残存している。専門的な技能を身につけていない限り、長く働き続けた男性に近い給料を貰うことは不可能である。①―④の中から、家族にあった自由に選択できるような社会整備が切に求められているのだ。

専業主婦型社会から、共働き型社会への転換の過程で最も損しているのが、三〇歳代から四〇歳代前半、現在子育て中の専業主婦をもつ家族である。親からの相当な援助があれば別だが、多くの家族は、生活を維持するのに手一杯であり、夫の給料の伸びが期待できないため、将来の生活に夢をもつことができない。生活満足度が最も低く出る世代なのだ。

この世代の夫婦を、スムーズに、妻―男性並収入の共働きに移行させるための社会的支援が必要になっている。それには、子育て中で専業主婦の女性に対して、本人の能力が発揮でき、相当の収入がある職を用意することが、この世代の生活への「希望」を復活させる最大の処方箋である。

そのための方策として、様々な手段が考えられる。企業・官公庁が、就職に際しての女性差別だけでなく、年齢差別をなくす必要がある。三五歳までという年齢制限が、子育て後の女性の再就職を難しくしているのは周知の事実である。また、パートタイム、再就職者にかかわらず、本人の能力をきちんと評価して給料を支払うシステムが望まれる。男性と同じ仕事をしていても、パートや途中入社の女性の方が大幅に賃金が低いとやる気が出るわけはない。職を辞めた女性が、よい条件で職場復帰するための能力開発を進める必要性がますます高まるであろう。

専業主婦はもうその歴史的役割を終えている。専業主婦を維持することにこだわるあまり、流れに逆行して、結果的に人々の希望を細らせることのないように祈りたい。

曲がり角の専業主婦

1　専業主婦は家族に依存している

一九九九年暮れに起こった春菜ちゃん殺人事件（当初はお受験殺人事件と呼ばれた）は、容疑者が母親同士のあつれきが原因と供述し、本当の犯行動機が何であったかとりざたされている。私は、直接のきっかけが何であろうとも、この事件が、専業主婦という存在の行き詰まりを象徴するものであると考える。これはマスコミ等に、多くの専業主婦から、容疑者に同情する声が寄せられたことからもわかる。

専業主婦は、家事や育児を専ら行う存在というだけではない。その定義なら、家政婦やベビーシッターの方が当てはまる。私のいう専業主婦とは、経済的、心理的に「家族（主に夫）」に依存せざるを得ない存在という意味である。

まず、専業主婦は、夫の収入に自分の生活水準を依存している。これは単に経済的に扶養されているという意味ではない。夫の収入が多ければ豊かな生活ができ、少なければいくら自分が努力しても低い生活水準に甘んじなければならないという意味である。自分の生活水準の高低が、夫の収入によって決まり、自分の能力、努力とはほとんど無関係に決まるというのが専業主婦の経済的本質なのだ（そういう意味では、年収一〇〇万円程度のパート主婦も、専業主婦のカテゴリーに入れてよい）。

2　専業主婦の自尊心

心理的にも、専業主婦は、家族に依存した存在である。

人が希望をもっていきいきと生活するためには、「自尊心」が不可欠である。自尊心は、自分が社会の中で役立ち、必要とされているという感覚といってよいだろう。自尊心をはぐくむには、他人や社会から評価され、承認されているという感覚が必要である。

専業主婦の家事、育児などが評価、承認される機会は少ない。同じ「料理」をする人でも、レストランのコックさんなら、自分の仕事の成果は、「給料」という形で評価、承認を得ることができる。自分で努力すれば、収入や地位が上がり、自尊心を高めることができる。外での仕事（競争社会）は、単なるお金もうけの世界ではなく、自尊心を供給するシステムでもあるのだ。

しかし、専業主婦の自尊心は、夫の世間での評価に連動する。一部の夫を除いて、主婦業自体を評価、承認する人はいないし、努力したからといって報酬や地位が上がるわけではない。家族が感謝の気持ちを示すといっても、一般的に主婦業がすばらしいと持ち上げられても、「努力や能力に見合った評価」は得られない。

世間で専業主婦を評価するもの、つまり自尊心を供給する物差しは、夫と子どもの地位、夫の収入に連動する消費水準である。夫の地位が高い、子どもが名の通った学校に行っている、豪華な家に住んでいる、高級ブランドの服を着ている。このような専業主婦に向けられる世間（特に専業主婦同士）の評価は、自分の能力や努力に対する評価ではない。

社会学者のランドルフ・ネッセは「希望と絶望の発展」という論文の中で、「希望とは、自分の努力が報われると感じられる時に生じる」と述べている。この意味で、現在の専業主婦は、希望から最も遠ざけられた存在であることは否めない。

経済の高度成長期にまがりなりにも、専業主婦システムがうまくいっていたのは、夫の収入、地位が年々上昇し、子供は自分たちより上級の学校に進むことができるという好条件が重なり、普通に主婦業をこなしていれば、生活水準が上昇し自尊心も保てたからだ。

しかし、経済が低成長期に入り、年功序列、終身雇用などの経済・社会システムの崩れとともに、専業主婦の自尊心が揺らいでいる。また、自分の努力で生活し、自尊心を保っていた女性が、結婚・出産を機にいきなり、自分の努力では自尊心がどうにもならない世界に放り出され、努力が報われるかに見える子育てで、「報われない」とわかったとき、彼女にどのような希望が残るのか。専業主婦という存在自体が曲がり角に来ているのは間違いなさそうである。

経済環境の変化と女性の運命

1　はじめに

今、家族の経済環境の変化によって、女性（並びに男性も）が被っている変化は、次の二点に要約される。一つは、「夫の収入のみに経済的に依存して豊かな生活を送ること」が不可能になりつつあるということである。もう一つは、女性の「不公平」が拡大していることである。女性の社会進出や生き方の多様化という「響きがよい」言葉に惑わされてはならない。夫の収入が高くて介護負担のない女性は、働くこともボランティア活動をすることも選べるだろう。しかし、夫の収入が低かったり、離婚「されたり」した女性は、働きたくなくても働かなくてはならない。高齢者の介護負担がある人は、ボランティア活動をしている余裕などない。「自分の努力」とは無関係な所で、自分の経済生活の運命が決まってしまうのが、現代日本の女性が置かれている状況なのである。この状況から脱出するためには、女性に経済的自立を求め、家族負担を何らかの形で公平化する必要がある。そのためにも、女性の能力に応じた職場を提供し、介護や育児等を社会で公平に負担する政策が必要になっている。

2 専業主婦の成立
——戦後から高度成長期の女性——

まず、戦後から高度成長期までの女性の状況を概観してみよう。

戦後から高度成長期にかけて、多くの女性は、外で働かなくてもよい自由を獲得した。専業主婦という存在が、一般に普及したのである。落合恵美子は、マイホーム主義に代表されるような戦後家族の特徴を「イエからの解放」と捉えたが（落合、一九九四）、それを、経済的側面からみれば、「家業（多くは農作業）」からの解放だったのだ。

戦前日本は、自営業社会であった。大多数の庶民の女性は、生産労働に携わる義務を負っていた。家事や育児をしながら、農作業など家業、内職などをしなければ、家自体の生活が成り立たなかった。これは、女性に限ったことではなく、男性そして、子どもさえも比較的きつい労働に従事していた。女性の生活は、女性がどのレベルの家（家業と家格）に生まれたか、そして、どのレベルの家に嫁いだかによって規定されていたのである。

戦後の産業の構造転換は、大量の男性労働者を必要とした。多くの企業（または官公庁）は、男性労働者に妻子を養うに足る生活給を支給した（木本、一九九五）。男性から見れば、家業を継がなくても、生活が成り立つ条件が整ったことを意味する。つまり、家業を継がない自由と家事・育児をしなくてよい自由を得たことになる。この状況を、女性側から見れば、家事・育児をしていれば、農作業など外での仕事をしなくてよい自由を得たことになる。家業からの解放は、男・女に、別の形での「しなくてもよい自由」をもたらした。その象徴が、男性は外での仕事、女性は家事育児という性役割分業に基づいたサラリーマン—専業主婦型の家族なのである。つまり、女性にとっては、サラリーマンと結婚し、専業主婦になることは、一種の「解放」であったのだ。

すべての女性がその解放の恩恵にあずかったわけではない。日本では、政府の保護政策もあり、家族経営の自営業の衰退のスピードが鈍かった。そのため、家業を継ぐ男性と結婚し、家族従業者として働き続ける女性もかなりの数が存在したことに留意する必要がある。

3　専業主婦の安定条件
——夫の収入が高くなるという期待——

落合恵美子は、戦後一般化したサラリーマン—専業主婦型家族がなりたつ条件として、①夫が死なない、②夫が失業しない、③夫が離婚しないという三つの要素を挙げている（落合、二〇〇〇、二五四）。私は、これらに④結婚できる、⑤夫の給料が上がり続けるという条件を加える。その中で、⑤夫の収入の増大という条件が、「専業主婦」家族に心理的安定をもたらしたからである。

専業主婦は、夫の収入によって自分の生活水準が決定してしまう存在である。自分の努力ではなく、自分が結婚相手に選んだ夫の収入によるというところがポイントである。家事や育児をする量に大した違いはないのに、夫の収入の多寡によって自分の経済生活の豊かさが決まるというのが、専業主婦の本質なのだ。

経済の高度成長期に、企業（または官公庁）が被雇用者家族に保障したのは、単なる妻子を養う給料ではなく、「将来の豊かな生活」である。それは、具体的には、木本喜美子がいうように、「終身雇用制」「年功序列賃金体系」「企業内福祉」によって成立するものであった（木本、一九九五）。企業に勤めている男性と結婚しさえすれば、最初貧しい生活でスタートしても、将来同じような豊かな生活が実現するという期待がもてた。また、右肩上がりの高度成長の恩恵が自営業（農業も含む）にも及ぶことによって、自営業の夫をもつ女性も、「将来の豊かな生活」を期待することができた。家族生活が豊かになっていくということが、家族生活が経済的にも、心理的にも安定していた理由である。

女性にとって見れば、そこそこの男性と結婚しさえすれば、外で働くことを強要されずに、「夫の収入に依存して、豊かな生活を築くこと」が可能になったのだ。ここで、豊かな生活とは、家電製品が整うことによって快適で、マイホームや車をもち、子どもに高等教育まで受けさせることができる生活である。結婚当初は無理だが、経済成長と年功序列賃金によって、将来、可能になるという希望をもてたのだ。

4　女性の生活における見かけ上の多様化と格差の拡大

一九七〇年代後半から、女性の社会進出ということが言われはじめる。被雇用者として働く女性が増え、専業主婦でもボランティアや趣味など社会活動を行う「活動専業主婦」(芝実生子氏の命名)と呼ばれる女性が増えるのもこのころである。

確かに、表面的なマクロ・データだけを見れば、女性の大学進学率や既婚女性の就労率は増大し、ボランティア団体やカルチャーセンターに通う主婦は増えている。また、マスコミでは、キャリアウーマンとして活躍する女性や、結婚を拒否する女性、ボランティア活動で自己実現を図る女性が望ましい生き方として報道される。

みかけ上は、女性の自己実現欲求が高まった結果、女性の生活の選択肢が多様化し、女性の自由が増大しているように見える。しかし、女性の社会進出の裏で進行しているのは、女性の経済生活の格差の拡大である。それも、自分の努力では如何ともしがたい次の二つの条件で女性の経済生活の水準(や就労の必要性・可能性)が決まる時代になったということである。一つは、①夫の収入の多寡、もう一つは、②家族負担の多寡である。

これは、オイルショック後の日本経済の低成長化と、社会が豊かになった結果、中流生活を保持するためのコストが増大したことによってもたらされた。

オイルショック後の低成長経済下でも、確かに、終身雇用は保持され、男性の失業率は低いままにとどまった。しかし、男性の給料の伸びは鈍り、男性雇用者であっても企業規模や能力によって収入の格差が広がるようになる。また、生産性の低い自営業の収入も伸びなくなる。ほとんどすべての男性の収入が伸びていた時期には、意識されなかった格差が、白日のもとにさらされるのが低成長期の特徴である。女性から見れば、収入の伸びが期待できる男性と結婚した女性と、伸びが期待できない男性と結婚した女性との生活格差が広がることになる。

夫の収入が高い、もしくは、高くなる期待があれば、「女性は仕事をしなくてもよい自由」を保持することができる。しかし、収入の伸びが期待できない男性と結婚した場合は、豊かな生活（家電製品があり、車やマイホームをもち、子どもの高等教育を負担する生活）を維持するためには、パート労働などで低い夫の収入を補う必要が生じたのだ。

未婚女性は、収入の伸びが期待できない男性との結婚を回避する傾向が顕著となる。そのため、未婚化が起こるのであって、決して結婚を拒否する女性が大きく増えたから未婚化が生じているわけではない（山田、一九九六、参照）。

次に、家族の負担の格差が広がったことを指摘しなくてはならない。家電製品によって、一般的な家事労働負担は減った。その代わり、要介護者や乳幼児、障害者などの人の世話をする負担が重くのしかかるようになった。

よく、高齢者の介護負担が問題だといわれるが、本当の問題は、介護負担がある女性とない女性の格差が広がることである。次男と結婚したり、親が高齢まで元気でぽっくりとなるなど「運良く」介護負担がない女性は、子育て終了後に、ボランティアや文化活動、趣味的仕事など、自己実現的な活動を行う時間がある。しかし、運悪く介護負担が重い高齢者を長期間抱えてしまうと、そのような活動がほとんどできなくなる。自分に責任があるわけではないのに、自由時間や世話負担に格差が生じてしまい、その負担に対価が払われるわけではなく、いつまで続くのかわからないのである。

また、育児負担も影響する。若い夫婦の親（つまり子にとって祖父母）が近所に住み、育児を手伝うという幸運に恵まれれば、共働きで働き続けることができる。しかし、家族の援助を期待できない若い母親は、厳しい環境で両立に苦労するか、仕事を諦めるしかないのだ。

この視点から、女性の社会進出のマクロ統計を再解釈すると、違った側面が見えてくる。結婚しないシングル生活を謳歌する女性が報道される裏には、収入が高くなりそうな男性に選ばれないために、未婚で留まる女性が大量に控えている。

親に育児を手伝わせキャリアウーマンで活躍する両立女性が持ち上げられる裏には、能力があるにもかかわらず親の援助が期待できない故に仕事を続けることを諦めざるを得なかった女性や、夫の収入が低かったり、離婚されたために仕方なく単純な低賃金労働に従事する女性が存在する。

ボランティアで活躍する女性の裏には、ボランティアをする余裕のない介護負担を抱えた女性や生活のため仕事をしなければならない女性がいる。前者が出現したからと言って、すべての女性に自己実現活動を選択する機会が保証されているわけではない。

統計を読みとる際、少数の事例をもとに、多数派の現状を無視した希望的解釈を広めてしまったのが、「女性の社会進出」というスローガンであったのだ。

5　働かなくてもよい自由の喪失

二一世紀を迎える今、働くか、専業主婦になるかならないかなど「女性の生き方の選択」などとは、言ってはいられない時代に突入している。それは、「専業主婦」という存在が、経済的にも心理的にももたないという事実が明らかになったからだ。そこには、二つの現実が女性の目前に迫ってきているからである。

一つは、消極的な理由である。今、専業主婦という生き方が、極めてリスキーなものになっているという現実がある。まず、この経済状況では、「収入の増大が見込める男性」つまり、中流の生活を一人の収入で一生保証できる男性は、ますます減少していくと言うことだ。その上に、専業主婦を成り立たせる条件の中で、「結婚できる」「夫が失業しない」「離婚されない」という条件が、徐々に失われている。生涯未婚率は、相当高まり、今の二〇歳では、二割程度になると見込まれている。まず結婚できるとは限らなくなるのだ。夫が失業する確率も高まり、離婚率も上昇している。

収入が安定している男性と結婚して、離婚しないで済む確率は、二分の一を切っている。

ここで、強調したいのは、積極的理由である。現在、妻が男性並の収入で働く共働き夫婦の経済的豊かさが目立っている。逆に、片働き夫婦の苦しさも報道されるようになってきた。つまり、女性は、自分の働きによって、夫や子どもを豊かな生活に導くことが可能になったという見方ができる（山田、二〇〇〇、参照）。

つまり、女性は外で働かなくてもよい自由を失いつつある。その代わり、自立し、家族の生活水準を自分の力でも決めるという責任とそれに伴う充実感を手にするのだ。そのためには、男性が家事・育児をしなくてもよい自由を放棄し、責任をもって家事労働に従事する義務を負うことは言うまでもない。

そのためには、社会の条件整備も必要である。何よりも、女性が自立するために、女性の職業能力を正当に評価して、働く場を用意する必要がある。更に、従来、「一部の」女性に集中していた家族の負担を、男性や社会で公平に負担するようにすることが、前提条件になる。

参考文献

木本喜美子　一九九五『家族・ジェンダー・企業社会』ミネルヴァ書房

落合恵美子　一九九四『二一世紀家族へ』有斐閣

――――　二〇〇〇『近代家族の曲がり角』角川書店

山田昌弘

―――一九九四『近代家族のゆくえ』新曜社

―――一九九六『結婚の社会学』丸善ライブラリー

―――一九九九『家族のリストラクチュアリング』新曜社

―――一九九九『パラサイト・シングルの時代』筑摩書房

―――二〇〇〇「警告！　専業主婦は絶滅する」『文藝春秋』二〇〇一年一月号（本書Ⅳに収録）

V　カップル・夫婦はどこへ行く

恋愛自由化の代償

戦後、新憲法、新民法の発布によって、結婚は「自由化」されました。旧民法で規定されていた「家制度」が廃止され、戸主の同意は必要なくなりました。成人に達すれば、結婚は両性の合意のみに基づくものとされました。これはいわゆる「サラリーマン型家族」の出現と、軌を一にしています。具体的には男性は親の職業を継ぐ必要がなくなり、女性は専業主婦になる、という家族ができたということが一番重要です。親の許可なしで結婚しても、普通に暮らしていくことができるようになったということがポイントです。しかし、自由化されたのは結婚であって、男女交際ではない、という点に留意する必要があります。

戦前の日本では、恋愛と結婚は比較的分離していました。結婚は一種の経済制度でしたから、上流階級の結婚は、家柄や財産に基づいて、親同士が取り決めることが多かったのです。男女交際は、経済とはまた別のところで営まれていました。上流の階級の男性は、結婚外で恋愛（セックスを含んだ関係を結ぶ）する自由がありました。配偶者以外と活発な恋愛をし、いわゆる「妾」を持つ人も多く、戦前、非嫡出子率（正式な結婚外で生まれた子の割合）が高かったのもこのためです。戦前までの日本社会は、事実上の一夫多妻制でした。

守るべき財産がない庶民の間では、比較的自由な男女交際が可能でした。「夜這い」というのは、完全に自由に行われていたわけではなかったのですが、若者宿といった村の共同体のコントロールの下で性愛関係が営まれていました。

このように比較的自由だった戦前の恋愛や性関係が、国家によって統制されるようになったのが、戦中期のことでした。これは総力戦の遂行が目的で、家族の秩序や道徳が強調されました。家族秩序を壊すような自由な感情、すなわち結婚前および結婚外の男女関係は、よくないものとして禁止されていきます。そこで強調されたのは「愛情あふれる家族」像でした。親しい関係は家族の中で完結させ、家族の外に出てくることを抑制しようとしたのです。

1 「恋愛結婚イデオロギー」の普及は自由な男女交際の減少を招いた

戦後は、結婚相手は自由に選んでよいという「恋愛結婚イデオロギー」の普及と、高度経済成長による核家族化という二つの過程が同時に進行しました。このことは、かえって自由な男女交際の減少を招きました。核家族化によって、男性はサラリーマン、女性は専業主婦になることが一般化すると、誰と恋愛するかということが、その後の経済生活に大きく影響するわけです。これは特に女性に顕著でした。

戦後普及した恋愛結婚は、恋愛したら結婚して当然だというイデオロギーをもたらしたという意味で、革命的でした。このことは戦前とは逆に、恋愛と結婚が結合したことによって、好きな相手と性関係を持ったり止めたりする自由がなくなったことを意味します。そして「恋愛結婚イデオロギー」の広がりは、恋愛というものが真面目なものである、というイデオロギーと結びついていますから、恋愛は結婚によって正しいものになると考えられ、恋愛が社会生活の中に位置づけられてしまったのです。これが戦後から高度成長期にかけての恋愛の特徴であり、男女交際が自由化されたように見えたのが、実は社会的に男女交際が統制されるという事態が生じます。戦後普及した「恋愛結婚イデオロギー」は、恋愛感情を家族の中に囲い込もうとするという意味で、「統制的」な色彩を持つものになりました。いわば日本社会の近代化が、男女交際を制限することとなったのです。

「恋愛したら結婚するのが当然だ」というイデオロギーの裏には、結婚を前提としない恋愛はあり得ない、結婚に行きつかない男女交際は単なる遊びである、という価値観を含んでいました。結婚を前提とせずに男女がつきあうことは、普通の家の息子、娘がするものではない、不良のすることだという意識が広がりました。明治時代から、一部のインテリの間では真面目な恋愛が行われてはいましたが、戦前には、大多数の人にとっては結婚と恋愛とは別物で、夫婦は愛情の単位であるとは、まったく考えられていなかったのです。

2　男女交際行動の管理が進展した高度成長期

高度経済成長期（一九五五〜七三年）は、様々な領域で男女交際行動の管理が進展した時期でした。宮台真司東京都立大学助教授が指摘しているように、「純潔教育の時代」だったのです。経済成長に伴う所得の向上は、親を「中流化」させました。中流化は進学率の上昇をもたらしました。戦後、高校進学が当たり前となり、大学進学率が上昇すると、子どもは実質的に親に依存する期間が長期化します。子どもは経済的自立が遅くなることで、思春期に自由な行動がとれなくなり、学校を卒業して間もなく、結婚適齢期となっていました。進学率の上昇は、子どもの親への依存を長期化し、自由な恋愛をする機会を狭めたのです。いまから考えると信じられない時代ですが、高卒の人も大卒の人もほとんどの人が、学校卒業後三、四年で結婚していました。交際期間が二年ぐらいで、交際が結婚と結びつくとすると、学卒後異性と出会い、交際したら結婚する、ということ以外にあり得なかったのです。この時期には、お見合い結婚と恋愛結婚の区別は、もうほとんどないと思います。この時期の見合いは、断わる自由がある見合いと位置づけられていましたから、結婚を前提とした恋愛と、戦後の断わる自由がある見合いは、単に出会うきっかけの差にすぎません。結婚までは性的関係は持てませんし、二人だけで旅行するなどとんでもないという時代です。つまり、結婚によって初めて愛情は成就すると思えた幸せな時代だったのです。

高度成長期に「恋愛結婚イデオロギー」が普及し、男女の交際の場が制限された結果、結婚が早まりました。恋愛結婚の割合は高度成長期に上昇しますが、その内実は、限られた交際の中から生じた恋愛でした。六〇年代半ばに結婚した女性が、夫と知り合ったきっかけを調査したデータによると、見合いが半分、職場が四分の一、兄の友人が一割です。つまり、男女交際の機会が少なかったので、限られた人が素敵に見えたということです。親しくなる異性の友達はあまりいないので、親しくなって気に入ってお話したら、もうそれは恋愛になってしまったわけです。数少ない異性と出会う機会を逃さなかった、とも言えます。六五年に見合い結婚と恋愛結婚がだいたい半々になり、恋愛結婚の大半は職場結婚だったわけです。

女性にとっては、どこの会社に就職できるかによって、結婚相手の所得レベルが異なりますから、結婚後の経済的な豊かさも違ってきます。だから女性もいい会社に入社できるように、よい高校、短大への進学をめざし恋愛もほどほどに一生懸命勉強したのです。

3　七〇年代からの男女交際の活発化がもたらしたもの

一九七〇年頃から男女交際の活発化が始まります。女性の社会進出の結果、男女が日常的な場で出会う機会が増大したということが大きな要因です。それまでは、男女が話して親しくなってしまえば、結婚以外にあり得ないという状況だと、出会うことにも慎重にならざるを得なかったのです。

男性も女性も、つきあって変な人に引っ掛かってはまずいと思いますから、お互いにつきあうまでが慎重でした。一九七〇年位までは相手と親しいということと、相手に情熱をかきたてるということが、比較的一致できたと思うのです。親しくしていることが周囲にも知られるようになると、周囲も二人が結婚過程に入っていると見なしたのです。

一九七〇年以降、全共闘運動の挫折、労働運動の制度化、高度成長の終焉により、若者のエネルギーの行き場が、公の領域にはなくなりました。人生においてリスクを賭ける場が、私生活の領域しかなくなったとも言えます。

高度成長による小金持ちの親の増加で、学費、未婚期の生活費の面倒を親がみるのは当たり前となりました。経済構造の転換によるサービス業の増大によって、ファーストフード、コンビニの店員など高校・大学生向きの職種が増加し、青少年の経済的余裕の増大は、未婚の男女交際の増大に寄与したのです。

「恋人と別れる自由」が普及したのは、それほど昔のことではありません。ここ二〇年ぐらいのことでしょう。それ以前は、一度つきあいはじめたら、勝手に別れることは、わがままで不真面だと見なされたのです。だからこそ、男女交際は非常に真面目なものとなり、慎重になったのでした。男女交際の活発化と別れる自由の普及は、恋愛と結婚の分離を再び引き起こします。そして恋愛の目標がなくなったのです。戦後登場した恋愛結婚イデオロギーによって、恋愛の最終目標は結婚であると見なされました。結婚と恋愛が分離すると、結婚は再び経済的なものになり、結婚しなくても恋愛を二人で楽しめるようになったのです。二人が話して楽しく親しい関係になることと、その二人が結婚するということは、別なことになったのでした。何年つきあっていても結婚しないということも出てきましたし、別れるということも容易になりました。

恋愛は感情の一種です。「好きになってしまう」ものであって、誰を好きになるかは、意志によってコントロールできません。「好かれる素質」を「魅力」と呼ぶとすると、魅力は各人に不均等に分配されているのです。つまり、異性から好かれる魅力をたくさん持つ人と少ししか持たない人が存在します。高度成長期には先程も触れたように、交際範囲が狭く男女の出会う場が少なかったので、魅力が多いか少ないかということは、あまり問題になりませんでした。身近に適齢期の異性が一人しかいなければ、その異性が一番魅力ある異性に見えたのです。七〇年くらいまでは、交際相手が少ないことが、「身近な異性の中で一番好きな人と結婚できる」ための条件を作り出していました。

しかし女性の社会進出などによって、日常的に接触する身近な異性は、それまでと比較して量的に増えることになりました。仕事などで異性と話したり、一緒に行動する機会が増え、恋愛と結婚の分離によって、気軽につきあうことが可能になりました。中学、高校時代から、男女とも異性の評価の目にさらされる事態となったのです。

そうなると、「好かれる人」、つまり「もてる人」はどうしても一部の人に集中しますから、その対極に「もてない人」つまり恋愛対象外の人が出現します。もてる人ともてない人の階層分解が発生しはじめるようになったのです。

最近では、自分が好きな人にはふられて、どうでもいいと思っている人からは告白されるという状況が出てきました。男女の魅力は序列化されています。特に日本ではそうです。みんなが高望みをするようになると、あらゆるところで必ず「ミスマッチ」が生じます。小谷野敦さんの『もてない男』（ちくま新書、一九九九年）を始めとして、いろいろなところでも言われていますが、自分が好きだと思った人から振り向いてもらえないということは、周りから見ればもてそうな人でも思うわけです。それが客観的にみて、魅力がある人、ない人全部、そういう気持ちを抱かざるを得ない状況になってきているということです。

もうひとつ起こっていることは、ひとりの人にすべてのものを期待できなくなっているということです。最近、起こっている例を挙げて説明します。女性が相手の男性に求める資質には二つあります。「いい男である」という基準と、「やさしい男である」という基準の二つです。女性にしてみると、両方兼ね備えている男性はめったにいないので、常に不満を持つわけです。自分で「いい男」と思っている人とつきあっていると、「いい男」は気を遣ってくれない。逆に気を遣ってくれる「やさしい男」といると、非常に楽で快適なのですが、情熱は湧き立たないわけです。「情熱と親密」の分離ということと、「自分が憧れている異性と自分が憧れの対象となる異性」の分離ということです。この二つがどうも組み合わさっているようなのです。どちらかが満たされると、一方が満たされなくなる。自由恋愛の状況においては、すべての人が短期的にはともかく、長期的に満たされることは、なくなりつつある、と思います。完全に自分の欲求を満足させる相手は、いたとしても手に入らない。手に入る相手とは、何かを妥協せざるを得ないのです。

でも嫌いなわけではありません。嫌いな人とつきあっている人はいませんから。中にはあこがれを優先する人はいます。あこがれを優先する人は、自分が相手に気を遣わなければいけない、というコストを払うわけです。一方、自分がちやほやされたいという人は、相手の世間的評価が低いということに我慢せざるを得ない。そういう組み合わせになるわけです。

こうした状況の中で、いまつきあっている人も嫌いではないけれども、「自分にはもっといい人がいるかもしれない」と思って、結婚を先延ばしする傾向が見られるようになりました。これが「もっといい人がいるかもしれないシンドローム」と呼ばれるもので、魅力がある女性がかかりやすいのです。女性にとって結婚は「生まれ変わり」です。生まれ変わるなら、よりよい条件の生まれ変わりが望まれます。恋愛と結婚が分離され、恋人と別れる自由があるならば、いまつきあっている人を確保しながら、もっといい条件の人が現れて、プロポーズしてくれるのを期待するのも、無理はありません。現実によりよい条件の異性が現れることもあれば、現れないかもしれません。どちらにしても、結婚は遅れ、一生未婚で過ごす人も増えていきます。

結婚を先送りするだけではなく、結婚したとしてもまた同じような想いを抱き続けるわけです。結婚後も様々な異性と会う機会が、男性も女性も増えてきましたから、結局はいろいろな想いを比較することになるのです。情熱というものは時間が経つと冷めてきます。男性にとっては女性の性的魅力というのが重要ですが、相手が歳を取れば魅力はどうしても低下します。女性にとってはときめきが重要ですが、同じ人に長くときめいている人はまずいません。別居結婚でもしていれば別でしょうが、しょっちゅう会っていれば、男性は相手の女性に対する性的関心が失われ、女性は相手の男性に対するときめき、情熱が失われます。長くつきあったり、結婚を続けるということは、そういうものです。ただし、恋愛感情を満たさずとも生活していくことはできます。

豊かな社会になったことで、恋愛にも選択の余地が広がったのです。昔は出会いの機会がなかったということと、豊かでなかったということで、理想の恋愛相手を探し続けることを諦めざるを得ませんでした。もうひとつは規範で、「いけないことだ」ということで、感情を押し殺していたのでしょう。いまは、「諦めなくていい」というメッセージが送られています。それを混乱と見るか、チャンスと見るかの違いでしょう。しばらくつきあっていると、関係が安定してきますから、ときめき、情熱は一、二年、あるいは半年ぐらいでなくなるわけです。これは未婚カップルの間でも同じです。情熱が失われたときに別の魅力的な人が現れた場合、それまでの関係を長続きさせる人もいれば、新しい関係を選ぶ人もいます。振られる人もいれば、別れる人もいる。情熱を優先する人もいれば、親密を優先する人もいる。ですから、別れる場合にも「何で別れるのか」、と相手から訊かれるケースが増えていますが、一方は情熱、ときめきが醒めたという理由で別れるわけですが、もう一方は長くつきあってきて別にトラブルもない。親密を優先をさせているのになぜ？　ということになるのです。つまり「もうあきちゃった」という人と、「うまくやってきたのになぜ」という人のミスマッチであって、相手を選ぶときにも起こりますし、別れるときにも起こるのです。

双方の好みがかみ合わなければ、妥協するか、自分から別れるかという決断が必要になってきますし、いくらこちらが気の合ういい関係だと思っていても、相手から別れを切り出される覚悟というものを、いつも持っていなければならないのです。

夫婦リストラのシナリオ

1　不安定化する夫婦関係

一九九九年の離婚数が約二五万組に達し、結婚数（約七七万組）のほぼ三分の一となった。[1] おおざっぱに言えば、夫婦三組のうち一組は離婚に終わるという計算になる。

結婚しつづけている夫婦にも問題がないわけではない。家庭内離婚している夫婦がかなりの数、存在していると推定される。そこまで深刻な状態ではなくても、日本の夫婦は、欧米に比べ親密とはいえない。セックスレス夫婦、低温関係、濡れ落ち葉、亭主在宅症候群、夫の帰宅拒否症など、仲が悪いわけではないが、必ずしもうまくいっているわけではない。私は夫婦関係の調査を長年行っているが、多くの夫婦は、「まあまあ」「世間並み」「空気のような存在」という言葉で、自分たちの関係を表現している。一方、配偶者以外に親密な異性関係を持ついわゆる「不倫」も、一九八〇年頃から間断なくブームになっている。たとえ、実行する人は少なくても、不倫願望（配偶者以外の異性と親しくなりたいという欲求）を持つ人はかなり多いと推定される。

愛情に基づいて結婚したからといって、一生、夫婦の愛情関係が安定し、続くとは限らない時代となっている。

一方、夫婦の経済生活の不安定化も始まっている。企業のリストラが進行し、失業したり収入が低下する中高年男性が増えている。定年まで夫が働いて、家を買って、老後は夫婦で年金生活という右肩上がりを前提とした生活設計が挫折する可能性が高まっている。なにより、若い男性の雇用が不安定化し、男性一人の収入では、妻子を養いながらそこそこ豊かな生活を送ることは不可能になりつつある。夫が外で働き妻が家事を行って豊かな生活を築くという「標準モデル」の経済的基盤が失われつつある。

定職を持っている夫と結婚したからといって、一生、夫婦の経済生活が安定し、続くとは限らない時代となっている。

2　夫婦リストラのシナリオ

「夫婦関係が不安定化すれば、夫婦関係の再構築（本来のリストラの意味）が迫られ、自立した中でよりよい関係を追求する夫婦がモデルとなる」というのが、私が『家族のリストラクチュアリング』（新曜社、一九九九年）という著書の中で描いたシナリオである。これは、欧米で一九七〇年頃から現在まで進行中の過程である。

夫婦の情緒関係が不安定化したのは、夫婦関係が近年急に悪化したためではない。夫婦関係に期待する愛情の水準が上昇したのだ。

戦後、恋愛結婚が普及したといっても、恋愛感情が続くのは結婚まで。結婚後は、トラブルがなければよい、空気のような関係でよいとされてきた。外の仕事で生活を支えるのが夫の愛情、家事・育児をして世話をするのが妻の愛情という形で、たとえコミュニケーションがなくても、相互に依存し合っていることが愛情だと思い込むことができた。

しかし、一九八〇年頃から、人間関係における情緒的満足が重要と見なされるようになってきた。それは、日本社会が経済的にある程度の豊かさを達成したからこそ起こったものである。その結果、愛情水準の上昇が起こり、ただ一緒に生活しているだけでは、情緒的に満足できなくなり、ときめいたり、ドキドキしたりといった恋愛感情や、深いコミュニケーションが夫婦関係に求められるようになる。親密な関係は、ただ黙っていれば生じるものではなく、お互いがお互いに対して新鮮であり続けるように努力し、レジャーや家事、会話など意識的にコミュニケーションを心がけることが必要になってくる。そういう努力をしなければ、夫婦はただの共同生活者になってしまい、配偶者以外の異性が素敵に見え始めるようになる。

それゆえ、精神的に自立した同士が親密な関係を築くというのが今後の夫婦の理想的あり方となろう。親密関係を築くのに失敗したり、相手が嫌いになったり、関係をよくするために努力する気がなくなったら、早く別れて、親密な関係が築ける別の相手を探すというパターンが主流になるだろうというシナリオを描いた。

また、経済的側面もリストラが迫られている。現在、「サラリーマンと専業主婦」という組み合わせでは、豊かな生活どころか生活の安定さえも得られない時代となった。

経済の高度成長期（一九五五年〜一九七三年）には、右肩上がりの経済成長が続いていた。終身雇用制と年功序列賃金が普及したおかげで、夫の雇用は安定、賃金が上昇し続けた。夫は仕事、妻は家事専業という役割分業で、豊かな生活を築き上げることができた時代だったのである。

しかし、一九七三年のオイルショック後、経済の低成長時代に突入する。男性一人の収入では、専業主婦を維持し、子どもの教育費を払いながら、豊かな生活を築くことが徐々に不可能になってくる。このころから、夫の収入の伸び悩みを補う形で、子育て後の妻のパート就労が一般化してくる。

そして、二一世紀を迎える現在、日本経済はほとんどゼロ成長となった。経済のグローバル化が進行する中で、終身雇用制や年功序列賃金も揺らいでいる。中高年男性の雇用不安が広がり、収入低下も始まっている。若年層の状況は更に深刻で、就職難に加え、平均的な男性一人の給料では、妻子を養いながら豊かな生活を築くという見通しが描けなくなっている。

そこで、妻もフルタイムで就労し男性並みの賃金を稼ぎ出し、夫も家事を平等に負担して、経済的に自立した夫婦がお互いに支え合うことが必要になる時代に突入しているというシナリオを描いた。

二人の収入を合わせれば、夫の収入がそれほど高くなくても、豊かな生活を送ることが可能である。そして、片方が育児休業をとっても、失業しても、しばらくの間はもう片方の収入で生活を支えることができる。一方がキャリアアップのために一時仕事を離れ専門的知識を学ぶという選択も可能になる。

そして何よりも、離婚に対する備えになるのが大きい。離婚が夫婦三組当り一組起こる現在、離婚が例外的事態とはいえなくなっている。離婚してもお互いに自立するという自信があれば、相手に対して卑屈になる必要はなくなる。相手を失いたくないと思えば、相手に対する態度も対等になることが期待できるのだ。

まとめると、精神的、経済的に自立したもの同士が、対等な関係を築き、豊かな経済的、情緒的生活を送るというのが、夫婦関係が不安定化した時代を乗り切るための「リストラ（再構築）」策となるのだ。

もちろん、よいことばかりではない。高度成長期の夫婦は、結婚しさえすれば、経済的にも情緒的にも「安心」できた。妻は外で働かなくても、夫は家事・育児を分担しなくてもそこそこ豊かな生活ができたし、世間並みの関係が築けた。しかし、不安定化が進む現在、結婚後も、夫婦関係を維持するためには、共働きで家事育児を分担するという努力、相手に対していつも魅力ある存在であるための努力が強いられる。

3　日本における夫婦の再編の遅れ

欧米では、一九七〇年代に、経済不況と離婚法の改正、そして、フェミニズム運動の高まりによって、夫婦の再編が促進された。男性一人の給料では生活が支えられず、愛情の水準が上昇し、一方的離婚が可能になるという状況が出現した。その中で、女性の経済的自立、男性の家事・育児分担が進み、自立した同士で愛情関係を築くという先に描いたシナリオが進行した。

しかし、なかなかシナリオ通りに進まないのが今の日本の夫婦の姿である。「夫の収入の多寡が夫婦の生活水準を決める」という意識はまだ強いし、夫の家事・育児分担度は低い。結婚後も恋愛感情を持ち続けたいという願望は持ちながら、結局は、トラブルがなければまあ満足、不倫も致し方ないと考える人がまだ多い。このように、夫婦の再編が進まないことが、日本社会にさまざまな問題をもたらしている。

問題の一つが、未婚化であり、理想の夫婦を築こうにも、そもそも結婚する人が少なくなっているのだ。

また、離婚をめぐる状況にも問題がある。近年増えているのは、結婚後二〇年以上たった離婚で、充分資産を築き、別れても生活ができる場合に離婚するというパターンである。また、若者の離婚では、離婚後、双方が実家に戻って、親に再び依存するというパターンも増えている。そして、再婚も離婚の増加ほどには増えてない。つまり、リストラして、理想的な関係を築く相手を探すための「前向きの」離婚というよりも、どうしようもなくなり、破綻して解消する形の「後ろ向きの」離婚がまだまだ多いのではないかと推察される。

再編が進まない理由は、二つあると考えられる。

一つは、戦後日本の夫婦がもっていた「依存体質」が抜けきらないという点である。自立した関係を築くために努力するよりも、依存していた方が楽であるという考え方である。女性は自分の一生の生活保障を収入の高い夫に求め、男性は家事育児を全部してくれる妻を求める。そういう相手が見つからなければ、結婚しないで、生活を保障し家事を全部やってくれる両親に依存し続けようとする。これが、日本の未婚化・少子化の原因となり、私がパラサイト・シングルと呼んだ現象を生み出しているのだ。苦労して自立するよりも依存できて楽な道があれば、そちらを選ぶ若い人が多くなってしまうだろう。

もう一つは現代日本社会では、夫婦が自立できる環境が整っていないことがあげられよう。男性の労働時間は不必要に長く、家事・育児分担が進みにくい。女性の労働条件は、はっきり言ってよくない。誰が、昇進や賃金で満たされない職場環境で働き続けたいと思うだろうか。既婚女性の就労が進まないのは、保育園が整っていないからではなく、やる気が起きないからである。仕事能力や実力が同じでも、男性に比べて昇進が遅れたり賃金が低ければ、働く気をなくし、収入の高い夫に依存した方がましと思うだろう。日本企業では仕事成果の評価システムがあいまいであり、男性優位の年功序列意識が抜けきらないことも一つの原因である。また、専業主婦を優遇する税制や年金制度の依存が、夫婦が自立する気を削いでいることも確かであろう。

この依存体質と自立を妨げる環境は、夫婦の再編を阻んでいるだけでなく、日本経済の構造改革を阻んでいる原因でもあることにお気づきであろうか。企業にせよ、家庭にせよ、自立しながら能力を発揮できる環境を整備することが今、必要になっているのである。

注

(1) 二〇〇〇年の離婚数は、二六万四二五五件となり史上最高を更新中である。

ご機嫌をとるのは、男、それとも、女

1　どちらが情緒的に有利か

私の専門である社会学では、マクロな視点で社会を見ることが多い。そこで、臨床などで言われていることが、マクロな場合にあてはまるかどうかをついつい考えてしまう。

近年、ドメスティック・バイオレンス（ＤＶ）が話題になっているが、女性に対してふるわれる暴力という定義が気にかかる。ＤＶの中には、「何を言っても無視する」「交友関係や電話を細かく監視する」というのが精神的暴力の一形態として入っている（東京都一九九八年調査）。しかし、友人や知り合いの話を聞いていると、このような精神的暴力を振るわれているのは、男性の方が多いのではないかと思ってしまう。ある医者（男性）は、専業主婦の妻に浮気の疑いをかけられ、細かく詮索されたあげく、三カ月の間、一言も口をきいてもらえなかったそうである。ある女子学生は、いらいらすると、彼にあたり散らしてストレスを発散するという。では、彼はと聞くと、いつもに

表1　パートナーの機嫌が悪い場合　(%)

配偶者(恋人)の機嫌が悪い場合，あなたはどのような態度をとることが多いですか。

	学生		東京		地方町	
	男性	女性	男性	女性	男性	女性
自分も不機嫌になる	12.8	18.1	14.3	12.4	8.6	12.3
放っておく	18.6	23.1	30.6	50.6	41.4	50.6
話は聞くが聞き流す	17.4	16.6	34.7	23.6	43.1	29.6
ご機嫌をとる	44.2	25.1	12.2	6.7	6.9	4.9
機嫌が悪かったことはない	7.0	17.1				
その他			8.2	6.7		2.5
N（人数）	86	199	49	89	58	81

表2　「配偶者から怒られたり，あたられたりする」ことはよくありますか　(%)

	学生		東京		地方町	
	男性	女性	男性	女性	男性	女性
よくある	22.7	8.4	10.2	5.7	10.0	3.7
時々ある	34.1	15.8	16.3	14.8	21.7	17.1
たまにある	23.9	33.7	44.9	38.6	55.0	51.2
全くない	15.9	42.1	28.6	40.9	13.3	28.0

こにこしていて、あたられたことはないという。

そこで、二〇〇〇年、カップルでどちらが情緒的に有利であるのかという意識調査を行った。恋人がいる学生と、地方の町、及び、東京の夫婦（六〇歳まで）という三通りのサンプルを選び、「男女どちらが相手に気を遣うか」（社会学では感情労働と呼ぶ[1]）という点を中心に聞いた結果の一部を次に示した。

この調査結果を見る限り、平均的なカップルでは、女性の方が有利である。特に、学生カップルでは、圧倒的に女性有利で、ご機嫌をとってもらうのも、怒ったりして許されるのも女性、ご機嫌をとったりあたられたりするのは男性である。結婚しているカップルでは、男女の差はほとんどなくなるが、やや女性有利であることは変わりがない。特に、女性が働いていたり、年齢が若い場合、女性有利の傾向は強くなる（分析結果省略）。

現実に、男性パートナーによって暴力がふるわれ、悲惨な状況にある女性が存在しており、対策が必要であることは事実である。だからといって、パートナー関係において、一般的に女性が抑圧されているとはとても言えない。この調査と私の実感から言えば、精神的暴力に関しては、男性に対してふるわれる率の方が高いのではないかと推定できる。もちろん、身体的暴力や性的暴力に関しては、男性からふるわれる場合が多いことは容易に想像がつくが、だからといって、一般に女性が弱者だと規定できないと私は考える。

2 男にとって女は不可欠・女にとって男はいなくてもよい

では、なぜ、カップル関係において一般的に女性が有利であるのだろうか。ここで、私の仮説を述べてみたい。

社会学では、相手にとって有用な資源がある方が関係的に優位に立つという、常識的な理論がある。これを男女関係にあてはめてみよう。

「女性の存在そのもの」が男性にとって、性的に価値があるのに対し、女性にとって男性は「機能的」にしか価値がないものという非対称性が存在する。価値というのは、社会学では「望ましさ」と定義される。つまり、女性はその存在自体が望ましさとして男性に認識されているのだ。

ここで女性とは、生物学的、社会的女性すべてを指すわけではない。男にとって性欲の対象になる「女性」に限定される。極端に言ってしまえば、美女は女性であるが、ブスは女性ではない。はっきり言って、多くの未婚男性は、好きな女性（セクシュアリティを感じる女性、言ってしまえば、性的に興奮させてくれる女性）とセックスできさえすれば、なんでも言うことを聞かざる得ない状況にあるのだ。

一方、多くの女性にとっての性欲は、それを満たすのが不可欠なものとは認識されていない。セックスに関する必要性が男女で非対称的であることが、「現在」の若者における女性の優位性をかたちづくっている。

一昔前（高度成長期）は、男性は女性に対して、「生涯の生活保障」という資源を提供できた。豊かな生活をするためには、そこそこ収入のある男性と結婚する必要があったのだ。そして、婚前のセックスはあまり望ましいものと考えられていなかった。ということは、豊かな生活とセクシュアリティの交換関係が成り立っていたともいえる。それゆえ、当時の未婚女性にとって、男性の「プロポーズ」が貰って最もうれしいプレゼントだったのだ。

一九八〇年代、バブル経済の時点では、結婚前のセックスが一般的となる。結婚することなしにセックスができる代わりに、多くの男性は、「プロポーズ」という交換する資源を失う。そこで、高価なプレゼントやロマンティックな雰囲気を演出することで、女性とのセックスを楽しもうとした。

一九九〇年代、私のいうパラサイト・シングル（親元でリッチに暮らす未婚者）が増大する。特に女性の親同居未婚者（成人未婚女性の八割）は、給料やバイト代の大部分を小遣いとして使える。ブランドものなど自分で買いたい物を選び、行きたいところに海外旅行に行く。一方、男性は、一暮らしが多い（成人未婚男性の四割）上に、結婚資金を貯めるため、お金の余裕はない。未婚者に限れば、経済的優位性は、完全に女性に移った。つまり、男性が提供するプレゼントなど、女性にとって、とるに足らないものになったのだ。

すると、多くの未婚男性（一部のもてる男や超金持ちを除く）が、彼女に提供できるものは、心理的なサービスだけとなる。関係を維持するため（つまりは、セックスをしつづけるため）には「ご機嫌をとる」「あたられる（怒りを受けとめてあげる）」「愚痴をきく」など、社会学で「感情労働」と呼ぶサービスがその対価として提供される。いらいらした時にあたる相手がいるということは、ストレスフルな環境にいる女性にとって、便利なことこのうえない。

セックスと感情労働が交換されるからといって、親密でないとか、愛情がないというわけではない。お互いに好きな同士で、力のバランスがとられ、関係が長続きするためには、このような交換関係以外にはあり得ないという理論的帰結なのである。

そして、結婚すれば、セックスすることはかなりあたりまえのこととして、受け止められ（交換資源としての価値が減少する）、そして、関係を解消するコストが高まるので、わざわざ「ご機嫌を取る」男性が急減するという具合である。それで結婚後、「夫がやさしくなった」とぐちをこぼす妻がでてくるのである。

次に、なぜ、男性にとって、性的対象としての女性が不可欠であるのかという問いが残る。簡単に私の仮説を述べておこう。フェミニズム社会学者であるナンシー・チョドロウの著作 *Feminism and Psychoanalytic Theory* の中で、女性精神分析学者であるカレン・ホーナイを引用している一節がある。(2) ホーナイは、「男性は、男性であることを女性に示す必要があるが、女性は不要だ。女性は、たとえ、不感症であっても、セックスできるし、子どもも産める」と述べている。これは、男性は女性に対して、性的興奮（勃起）しなければ、挿入を伴ったセックスはできない存在であるということをえん曲な表現で述べているのである。チョドロウは、ここから、女性は「である性」、男性は「する性」とする論を展開するのだが、このホーナイの命題から、「性的興奮」によって男性であることを証明しなければならないという男性の宿命（と言ってしまえば怒られそうだが）を直接導くことも可能だろう。

つまり、男性は、性的に興奮して、男性であることを証明するために、性的興奮をもたらす女性を必要とするのである（この定義から言うと、性的興奮を喚起しない女性は、その男性にとっては女性ではないという先程の事実が解釈できる）。

ここから、男性にとって女性は不可欠だが、女性にとっては、男性はいたらいいけど、いなくてもいいものという現代的な状況が出てくると思うのだがどうだろう。

注

（1） Hochschild, A. R.　1983　*The Managed Heart : Commercialization of Human Feelings*, University of California Press.＝1999 石川准・室伏亜紀訳『管理される心——感情が商品になるとき』世界思想社

（2） Chodrow, Nanncy J.　1989　*Feminism And Psychoanalytic Theory*, Yale University Press.

Ⅵ　親子関係の変貌と教育問題

教育に希望がもてなくなる時

1　教育される子どもの危機

日本社会における少子高齢化の進行は、社会に様々な影響を及ぼしており、また、及ぼすと予想されている。

少子化の原因に関しては、私は、すでにいくつかの著作の中で見解を示している（山田、一九九九a、一九九九b参照）。また、将来の年金システムや労働力需給に関する議論は、官公庁や経済学者などによって詳しく行われている。

本論では、「教育される子ども」の観点から、少子化の影響について論じてみたい。

少子化が子どもの生活に与える影響という場合、主に発達の観点から、議論がなされることが多かった。よく、「きょうだいがいなくなって、社会性が身につかなくなる」「近所に子どもの遊ぶ相手が少なくなり、テレビゲームばかりするようになって、現実感覚がなくなる」といった俗流心理学的な発言がなされることがある。

しかし、結婚した夫婦から生まれる子どもの数は、平均二・二人（国立社会保障・人口問題研究所調査による）と、ここ二〇年間減ってはいない。少子化の原因は、未婚者の増加にあるのだから、きょうだい数が減っているという前提は成り立たない。また、少子化といっても、子どもの絶対数が大きく減っているわけではない、都心部や過疎地のように「近所に遊び相手の子どもが少なくなる」地域もあるが、子どもが増えている郊外地域もある。保育園に通う子も増えており、親は社会性を身につけさせようと、努めて、公園やサークル活動、児童館などに子どもを連れて行く。テレビゲームばかりするようになったのは確かかもしれないが、その原因を少子化に帰すのは、無理がある。

また、小中学校の統廃合など、子どもにかかわる施設の適正配置などが現実の地域対策の課題となっているし、私立学校の経営問題も少子化に伴う教育問題であることは、間違いない。ここでは、少子化に伴う物的、財政的、労働需給の問題は、扱わないことにする。

私が問題にしたいのは、少子化が「教育する家族」に与える心理的影響である。近代社会成立以来、家族（親）が、子どもの教育の責任主体として、子どもが教育されることを動機づけてきた（Aries, 1960 参照）。日本では、高度成長期、少子化が起きる前には、教育する家族というシステムが、うまく機能していた。

結論を先取りして言えば、現代日本で生じている少子化という事態は、子どもにとって「教育される」という動機づけが失われることを意味する。少子化社会とは、子どもにとって相対的に楽になる社会である。楽になるかわりに、教育に対する「希望」を失うのである。私は、教育に希望がなくなっていることが、現在、問題になっているさまざまな教育問題、例えば、学力低下や遊び型非行、動機不明の青少年犯罪などの一因になっているのではないかと考えている(これは、私の仮説であり、ロジックは後述する)。

2 「教育」の多面性

従来、教育が地域問題として語られる場合、健全育成という名目で、非行に走らないこと、健康に育つこと、いじめや仲間はずれなく楽しく遊ぶことなど、「子どもの道徳的社会化」の観点から語られることが多かった。地域の住民にとっては、子どもは、社会的ルールを身につけて、社会に迷惑をかけないような大人に育てば、それ以上のことを期待することはない。他人の子どもの成績が悪かろうが、どの学校に行ってようが、噂の種になるくらいで、関心がもたれることはない。

しかし、家族(特に親)の側から子どもの教育を考えると、事態は違ったものに映る。親は、子どもが健全に育っただけで満足するわけではない。大多数の親は、子どもに将来豊かな生活をしてもらいたいと願っている(山田、二〇〇〇、参照)。そのためには、より上級の学校に行かせて、より高い収入を得る職についてほしいと思うのである。勉強はできなくてもいい子なら親は満足のはずとは、他人だから言えることである。子どもの成績に多少の期待をもたない親はいないだろう。期待せずに「諦める」親がいるとしたら、そちらの方が問題になるのだ。

ここで、教育のもう一つの側面、経済階層上昇の手段としての側面が現れる。いい教育を受けさせれば、たとえ親の階層が低くても、よい職に就いて豊かな生活をすることが可能になる。これを、社会の側面から見れば「人的資本」の蓄積、つまり、質の良い労働力の育成ということになり、教育される本人にとっては、自分の稼得能力の育成と言うことになる。

教育が経済階層上昇の手段であることは、家族（親、もしくは、本人）の立場から見れば、当然のことである。このメカニズムを抜きにして、教育は語れない。

古来から、教育というものは、貧しいものの階層上昇の手段として位置づけられていた。四〇〇〇年前のバビロニア時代には、「文字を習って書記になる」ことは、厳しい肉体労働をしないでよい特権をもつこととイコールであった。そのため、「頑張って文字を刻むことを学べば、苦しい生活から免れられる」といった文言が記された粘土板が見つかっているそうである。また、二〇〇〇年前のローマ時代でも、ギリシア語の教師は、ローマ人でなくとも税金が免除されたという。粘土板が紙からパソコンに変わり、書記やギリシア語教師が、コンピューター技師や弁護士、大企業サラリーマンと名前が変わっても、「階層上昇の手段としての教育」という構造は、全く変わっていない。これも、社会が教育された労働力を必要としている側面と、教育される側が自分の生活を向上させたいという意欲がマッチしているから、成立した構造なのである。

このように、教育には、「道徳的社会化」としての教育と「階層上昇の手段」（質の良い労働力確保）としての教育という二つの側面が併存する。加えて、「学ぶこと自体がすばらしい」というように、教育されること自体が喜びであるという、教育関係者がよく主張する考え方も存在する。それは、経済的に言えば、消費としての教育である（社会にも自分にも直接の役に立たない）。社会的に言えば、よく言えば自己実現の手段、普通に言えばよい趣味、悪く言えば自己満足のための学習である。

『学校のない社会』を書いたことで有名なイヴァン・イリイチは、『シャドウ・ワーク』の中で、教育されること（勉強すること）も労働の一種であると看破した。労働には、直接代金が支払われる賃労働と、支払われないシャドウ・ワークがあり、後者の代表例が、家事労働と勉強なのである。ここでは、労働を多少の苦労を伴いながら役に立つものを生み出す活動としよう。人間は、普通、ただ働きはしない。何らかの対価（動機づけ）が必要である。勉強の対価には、「理解する喜び」や「社会の一員になる喜び」という対価があるかもしれない。しかし、もっとも分かりやすく、最も切実なのは、やはり「将来よい生活ができる」という対価なのである。

確かに、評価と関係なく、「学習自体が楽しい」という子もいるかもしれないが、それは少数派である。日本の大学生をみれば分かる。多くの大学生は、単位をとるための最小限の勉強しかない。それは、日本の大学教育での成績が、企業採用とほとんど結びつかない（一部の理科系は除く）からである。企業は、入学時の偏差値は問題にしても、大学教育での成果にはほとんど期待していない（公務員採用試験でも事情は同じである）。一方、アメリカでは、大学の卒業が難しく、就職時に成績が評価されるから、学生が必死に勉強するのだ（八代尚宏編、一九九九、参照）。

教養としての勉強を動機づけるものは、「好奇心」である。しかし、社会が必要とする学問に好奇心を抱く学生は少数で、多くの好奇心は、趣味的勉強、さらには、オタク的趣味に向かう。『源氏物語』の世界に憧れるのも、好きなタレントの生年月日や好きな食べ物を記憶することも勉強に違いない。それは、直接社会や自分に利益をもたらすわけではない。

機能的に異なる三つのもの、つまり、「道徳的社会化」「階層上昇の手段」「趣味としての勉強」が同じ「教育」という言葉で呼ばれるゆえに、教育に関する議論は混乱する。いや、不毛なものにしている。その不毛性を解消して、機能別に教育を分離分割しようとしたのが、イリイチの学校のない社会の構想だと私は理解している。

現代日本社会では、「階層上昇の手段としての教育」を議論することは、タブーになっていて、公に議論されることは、今まで少なかった。その理由は、矢野真和氏によって、『教育社会の設計』の中で、教育の経済的効用を論じることが、戦後日本でタブーになった事情が詳しく述べられているので参照していただきたい。つまりは、「将来、豊かな生活をおくるがために勉強する」という当たり前の家族の思いが、教育関係者の間で「良くないこと」とされ、公に表明することは、憚られる状況が生じているのだ。

問題は、道徳的社会化としての教育と、階層上昇手段としての教育の関係である。通常考えられるのは、まず、道徳的社会化としての教育（広義のしつけ）があって、階層上昇手段としての教育がその上に加わることが考えられる。論理的に考えれば、この順番である。しかし、私は、近代社会においては、階層上昇の手段としての教育が機能している場合に、道徳的社会化が成功すると考える。階層上昇手段として教育があることによって、貧しい親のもとに生まれたものが、希望をもって社会に出てくることが可能になる。自分の将来に希望がもてれば、社会に積極的に参加して、ルールを守ろうという気持ちが生まれてくるだろう。宗教的世界観が信じられていた前近代社会では社会的ルールを守れば、死後の世界で救われるという希望が存在した。しかし、宗教の力が弱まった現代社会では、希望は、現世において実現されなくてはならない（Nesse, 1999 参照）。階層上昇（今より豊かになる）という希望の象徴の一つが教育となったのである。

3　高度成長期の教育――希望の象徴

明治時代に立身出世という言葉が作られ、能力がありさえすれば、上級の学校に進学することによって、貧しい生活から抜け出せるという神話が形成された（竹内洋、一九九一、参照）。しかし、戦前までは、多くの庶民の家では、たとえ能力があったとしても、上級の学校に行かせる経済的余裕がなかった。また、上級の学校に行ったとしても、それに見合った職が必ずしも用意されているわけではなかった。つまり、多くの人にとって、教育が階層上昇の手段とは言えなかったのである。

戦後から経済の高度成長期の時期が、上級の学校に進学する（親にとっては進学させる）ことによって、階層上昇を実現させることが一般化する。学校で教育させることによる階層上昇の期待が現実化したのである。

それは、親が子どもに教育をつけさせることが可能になる程度の経済的余裕ができたことが前提となる。戦後、高度成長期にかけて少子化（二人っ子化）が急速に進んだことは、子どもを上級の学校に入れることができる前提でもあり、結果でもあったと考えられる。また、高度経済成長期は、産業構造の転換期でもあった。企業は、若い中級技術者やホワイトカラーの管理職候補男性、熟練労働者男性を大量に求めていた。家族側の期待と、社会・企業側の需要がマッチしたのである。

子どもは、教育歴さえつければ（勉強して、上級の学校に行きさえすれば）、今の貧しい生活から抜け出して、親より豊かな生活を送れるという期待がもてたのである。「豊かな生活」とは、便利な家電製品に囲まれ、自家用車や庭付きの家を持つ生活である。当時は、そのようなアメリカ中産階級の生活が、日本の庶民のあこがれの的であった（三浦展、一九九九、参照）。

男性なら、勉強して少しでも上級の学校、少しでも偏差値（当時は評判）の高い学校に行けば、より大きな規模の企業（官公庁も含む）に入社でき、終身雇用と年功序列賃金が保証された職に就くことが可能だった。うまくすれば、医者や弁護士、上級公務員などの専門、管理、幹部職に就くことも夢ではなかったのだ。また、企業の側も、新卒一括採用という形で、「偏差値の高い学校」を優遇した。それも、学校での教育内容よりも、入試という試験にパスできる潜在能力を評価したのである。これは、決して非合理的なものではなく、企業の側も、長時間勤務に耐え、物事を短期的に記憶・処理し、粘り強く働く能力を求めていたのである。創造的で個性的な人ばかりいても、企業（官公庁）は困るだろう。少数の創造的な社員と多数の言われたことを効率よく実行できる非創造的社員という組み合わせが、企業にとって理想的なのだ。

一方、女性も「勉強する」ことが、階層上昇の手段となった。当時は、結婚して専業主婦になることが一般化した時代である。専業主婦とは、「夫の収入によって自分の生活水準が決まる存在」と定義できる。すると、よい生活を送るためには、将来収入の高くなりそうな男性と出会って結婚する必要がある（山田、一九九六、参照）。高度成長期の日本では、恋愛結婚と見合い結婚の比率は約半々であった。恋愛結婚の場合は、職場結婚が過半数を占めていた。すると、大企業に勤める将来有望な男性と結婚するためには、自分もその会社に一般職として就職している必要がある。女性一般職といえども、大企業ほど、短大や偏差値の高い高校出身者を採用する。見合いにおいても、将来、子どもを教育するための賢さを女性に求める、また、釣り合いということを考えれば、そこそこの学校を出ていることが、見合いにおいても有利になる。女性にとっても、勉強して、より上級の学校を卒業することは、「階層上昇の手段」であったのだ。ただ、あまり、偏差値の高い学校に行くと結婚相手となる男性の数が少なくなるというリスクの存在は念頭に置かれていたが。

このように、勉強してより上級の学校に入学することが、豊かな生活と結びつくことが確実な状況では、「勉強する動機づけ」が明白である。親にとっては、「まじめに勉強しないと、将来豊かな生活が送れない」と子どもを脅すことができる。勉強の対価として直接、アメを与えるまでもなく、子どもは、親の言うことを聞かざるを得ないのだ。子どもも大きくなれば、教育が階層上昇の手段であることに気づいていく。竹内洋のいうように、昭和四〇年代が受験競争のピークであり、受かりさえすれば豊かな生活ができるという「希望」、落ちこぼれたら没落するという「脅し」の中で、受験が加熱するという事態が生じたのである。苅谷剛彦氏のいうような教育が大衆化した時代（苅谷、一九九五）とは、教育による階層上昇の期待が大衆化した時代なのだ。

その前提としてあったのが、子どもの育った環境が貧しいという現実なのだ。高度成長期の親の学歴は低かった。親は、よい教育をつければ、子どもは貧しさから脱出できるかもしれないという期待をもった。

教育システムから落ちこぼれると、豊かでない生活が待っていることになる。これが、マルクス主義系の教育論者が、受験競争こそが悪者であるとして、「階層上昇の手段としての教育」概念を忌み嫌った原因である。しかし、教育によって階層が上昇するという事実は、貧しい生まれのものにとっての希望であったという事実を忘れてはならない。

4　楽になる子ども

現代日本で生じていることは、「学校での勉強が豊かな生活をもたらす」という期待が失われつつあるという事態だ。つまり、教育されることが、将来の希望と結びつかなくなっている。このことが、子どもが勉強する動機づけに破壊的な影響を与えて、その結果、新しい様々な教育問題が生じてくる。

教育と豊かな生活が結びつかなくなった原因は、二つ考えられる。

一つは、多くの子どもは、既に、豊かな環境で育っているからである。今の親は相対的に豊かである。いや、豊かに子どもを育てられる条件を整えなければ、子どもを産み育てようとしないと言った方が正確かもしれない。私が、少子化に関するインタビュー調査を整理したときに、「子どもを豊かに育てたいから結婚しない」「俺の給料では、生まれてきた子どもがかわいそう（男性）」「子どもにピアノを習わせられるような収入の高い相手と結婚したい（女性）」「個室を与えたいから子どもは一人でよい（男性）」などの意見がよくみられたのである。

その結果、多くの子どもは、個室を持ち、家電製品に囲まれた豊かな環境で育っている。欲しいものは、大概手に入っている。進学して、よい学校に行って、貧しさから抜け出たいという動機づけなど持ちようがない。

もう一つの理由は、親が、教育をつけさせること以外に、子どもに豊かな生活を送らせる手段を得たことにある。私が、パラサイト・シングルと呼んだように、学校卒業後も親と同居しサポートを受けて生活を楽しむ独身者が急増している。親が買った家やマンションの一室を占拠し、親に家事をさせて、自分の収入は小遣いとして使える生活である。

子どもにとっては、勉強してよい会社に入っても、それが豊かな生活と結びつくわけではない。多少給料は良くても、一人暮らしを始めたり結婚して自立すれば、生活は厳しい状況に置かれる。勉強は適当にして、親に生活を支えてもらいながら、そこそこに働けば、豊かな生活が送れるのである。別に、フリーターでも大丈夫である。親は、子どもがかわいそうだと援助しつづけ、不動産を相続させようとする。小さな資産と、親の家事労働力によって、成人した子どもの生活水準を高め「楽させようとする」のだ。子どもにとっては、親が豊かかどうかが、自分の生活水準を決める要素となり、自分がどのような教育を受けたかという要素の寄与率が低下する。

階層上昇の手段として教育（子ども期における）が機能しなくなったことが、最大の問題なのである。親の階層が上のものにとっては、多少苦労して勉強したとしても、それによって加わる豊かさはたかがしれていると考えるだろう。親の階層がそれほどではないものにとっては、いくら勉強して努力しても、親が豊かな若者には追いつかない。

勉強という努力は、してもしなくても将来の生活が変わるわけではないという認識が広がると、子どもの勉強への動機づけが弱まる。子どもは、教育に希望がもてなくなるのだ。

今の社会では、「勉強しないと豊かな生活が送れない」という脅しがきかない。将来への期待と脅しなしに、子どもに積極的に勉強させることは不可能に近い。親は、見栄で、偏差値の高い学校に行かせるため、子どもに勉強させようとするのかもしれない。しかし、将来への期待と脅しがない状態で、苦労を伴った勉強などしたがるはずがない。二節でみたように、教育させられることも労働の一種なのである。階層上昇の手段であることを失った勉強に魅力はない。勉強は、子どもにとって、仕方なくやらされる「苦役」か「楽しいならやってもよい趣味」としての意味づけしかなくなる。

親は「アメやムチ」を加え、勉強をさせようとしても、「将来の豊かな生活」という基本的な期待が存在しない以上、効果は、たかが知れている。だいたい、「なぜ、こんなに勉強をしなくてはならないか」と言われ、きちんと回答できる親がいるだろうか。「豊かな生活が送れない」と言っても、「もう豊かだから、これ以上にならなくてもよい」と言われるし、「勉強は楽しいものだ」と言っても、「もっと楽しいことがあるもん」と反論されたら、言い返せないだろう。逆に、親は、子どもが非行に走ったり、プチ家出や自殺されたりすることを恐れ、勉強の圧力はおろか、道徳的社会化（しつけ）の圧力でさえ、かけ難くなっているではないか。

図1でみられるように、家や学校での勉強時間は、年々減っている。これでは、学力低下が起こるのも無理ない。多少学力をつけたとしても、今以上によい生活が期待できるわけではないからである。どこの大学でもかまわなければ、授業料を払いさえすれば、大した勉強をしなくても入れるのである。一部のエリートの子どもは、自分の能力が発揮できる場があるために、勉強に「希望」を持つことができる。しかし、普通の能力の子どもにとっては、勉強しても報われないという感覚が広がるのである。

このような状況下では、先ほど言った「おまけ」の動機づけが強調されるようになる。しかし、

図１　勉強する時間

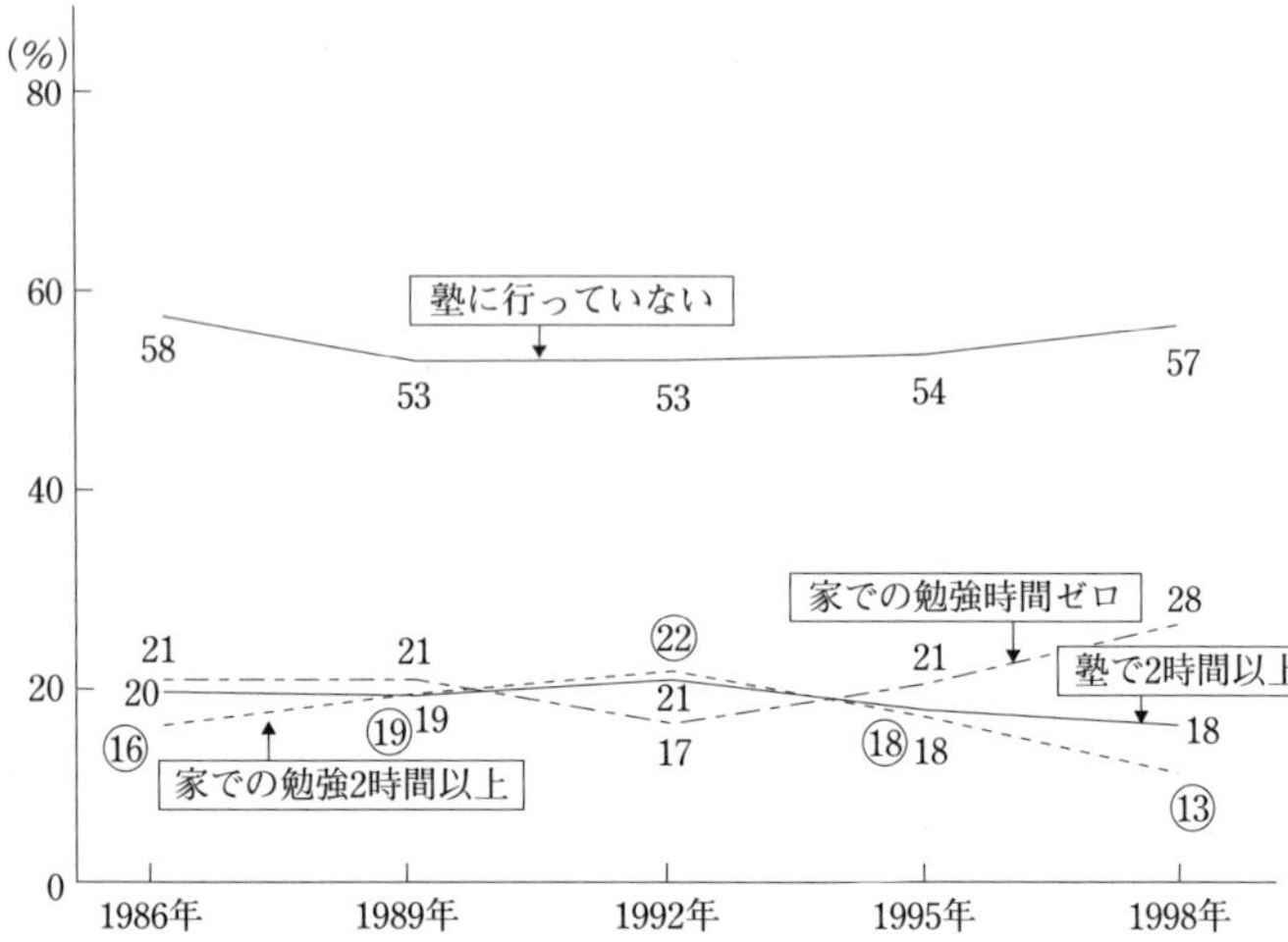

出典「小中学生の今」日本女子社会教育会
東京都生活文化局「第8回東京都子ども基本調査」（1998年）から転載

学ぶこと自体のおもしろさは、なかなか広がらない。消費としての教育といっても、苦労を伴った消費などだれもしようとしない。それをするのは、一部のオタクのみである。大多数の人にとっては、学校での勉強は、将来への期待でなければ、親の圧力、負けたくないと言う競争意識、できない時の恥ずかしいからなどの動機によって支えられている。楽しさゆえに勉強をするというのは、むしろ希なケースである。授業にいくら工夫をしようとも、興味を引く教材を用意しようとも、多数の生徒・学生の関心を引きつけるのは不可能である。なぜなら、学習よりも面白いこと、それも、強制されない面白いことが、世の中にはあふれているからである。

その結果、子どもは「楽になる」。楽に

図2　早く大人になりたくない理由

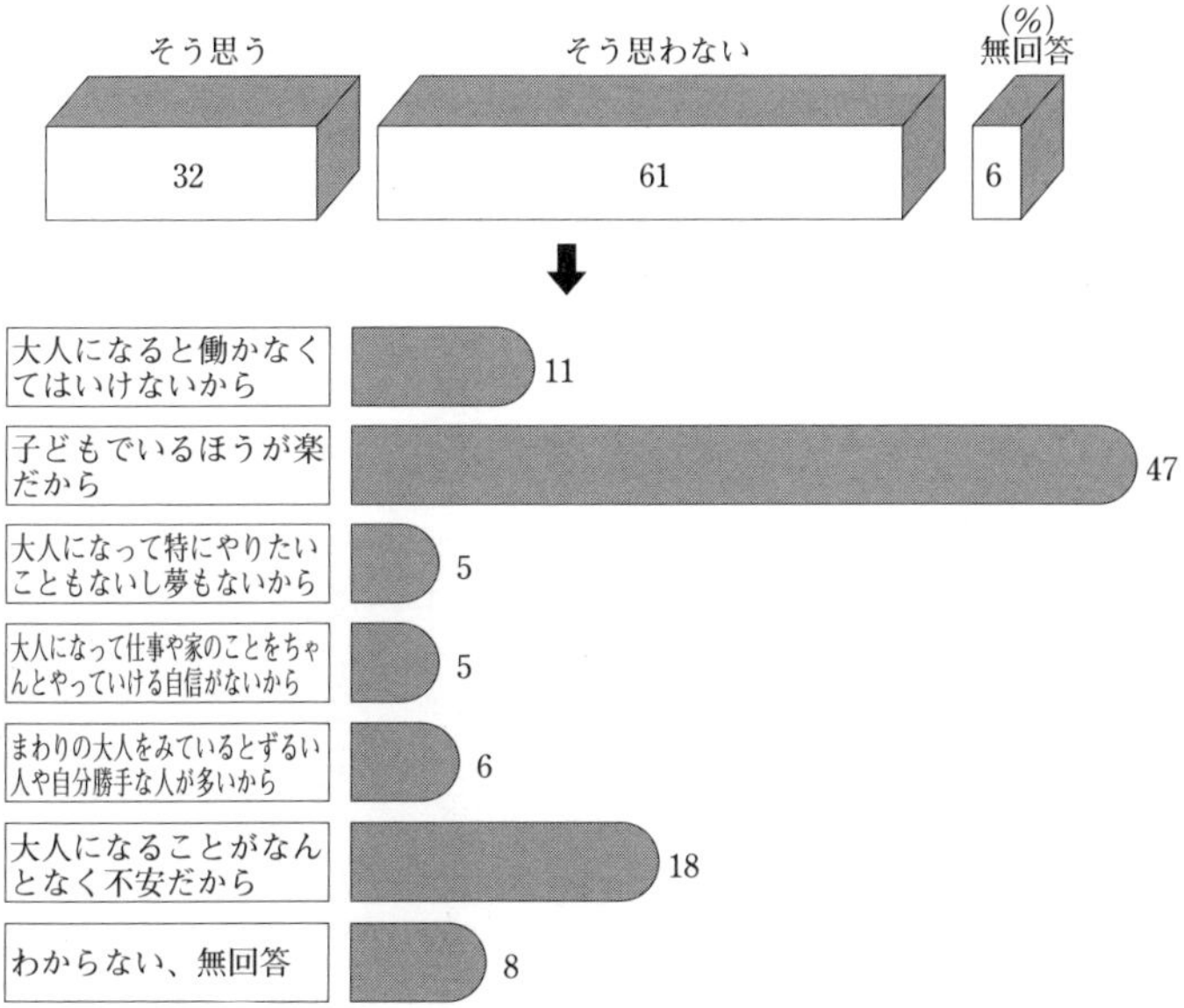

出典「小中学生の今」日本女子社会教育会
NHK放送文化研究所「第3回小学生の生活と文化調査」(1994年) から転載

なるということは、「将来への希望を失う」ことに他ならない。その結果、責任を持つ必要がある大人になりたくないという子どもが増えるのである（図2参照）。

少子化時代の教育環境は、子どもの「やる気」や「希望」に破壊的効果を及ぼし始めている。教育されることに希望がなくなれば、そこには、「享楽主義」しか残らない。勉強という苦労は避けて、今を楽しむ、そのような中で、「社会的ルールを守る」という道徳的社会化も怪しくなっている。

希望とは、努力が報われるという期待によって生じる（Nesse, 1999参照）。少子化は、子どもを楽にした。その代わり、希望を失わせたのである。享楽主義が広がる前に、エリート以外の子どもでも、勉強した努力が何らかの形で報われる社会を再構築する必要がある。

参考文献

Aries, P. 1960 *L'enfant et la vie familiale sous l'ancien regime*＝1980 杉山光信・杉山恵美子（訳）『〈子供〉の誕生』みすず書房
Illich, Ivan 1981 *Shadow Work*＝1982 玉野井芳郎・栗原彬（訳）『シャドウ・ワーク』岩波書店
苅谷剛彦 一九九五『大衆教育社会のゆくえ』中央公論社
三浦展 一九九九『「家族」と「幸福」の戦後史』講談社
Nesse, Randolf 1999 'The development of hope and despair,' *Social Reserch* 66-2.
日本女子社会教育会（編）一九九九『小中学生は今』日本女子社会教育会
竹内洋 一九九一『立志・出世・苦学』講談社
矢野真和 二〇〇一『教育社会の設計』東京大学出版会
八代尚宏編 一九九九『市場重視の教育改革』日本経済新聞社
山田昌弘 一九九四『近代家族のゆくえ』新曜社
―――― 一九九六『結婚の社会学』丸善ライブラリー
―――― 一九九九a『家族のリストラクチュアリング』新曜社
―――― 一九九九b『パラサイト・シングルの時代』筑摩書房
―――― 二〇〇〇「よりよい子育てに追い込まれる母親たち」目黒依子・矢澤澄子（編）『少子化

時代のジェンダーと母親意識』新曜社

豊かさの中で目標を見失う子どもたち

1　子どもたちは幸せか

今の小中学生の生活は、昔に比べて格段に「楽」になりました。

まず、学習面からみてみましょう。月二回の学校週五日制で、学校に行く時間は少なくなりました。学習内容がやさしくなり、一部の子どもを除けば、家庭での勉強時間は徐々に減っています。塾などは、子どもの社交の場になっています。無理に長時間勉強する子どもは減ってきました。少子化によって、それほど勉強しなくても、そこそこの高校、大学には入れるようになったからです。今の多くの小中学生にとって、「ガリ勉」という言葉は過去のものになりつつあります。

また、経済的にも、親は豊かになり（正確に言えば、豊かでなければ結婚して子どもを産もうとしなくなり）、親が子どもにかけるお金や時間も増えています。だから、今は、多くの子どもは、欲しいもの（みんなが持っているもの）はだいたい買ってもらえています。ピアノやバレエや、スイミング・スクールなど、お稽古事やスポーツ教室は、もう一部のお金持ちのものではありません。子どもが習いたいと言えば、通わせる金銭的余裕はほとんどの親にあるのです。

大体、生活環境自体が豊かなのです。子どもは風の子などと言うのは、昔の話。暑ければクーラー、寒ければ暖房の効いた部屋にいるのが当たり前になっています。ビデオがあるのが当たり前、家族旅行に行くのも、誕生会をするのも特別なことではありません。

このように、今の子どもは、時間的にも、経済的にも余裕があります。快適な環境の中で生活し、あまり努力しなくてもほしいものが手に入る。そういう状況にいます。

しかし、今の子は、豊かな環境にいるのにもかかわらず、幸せを感じているようにはみえません。それも、将来への希望がみえないのです。図2（前章二二三頁）でみてきたように、多くの子どもが早く大人になりたくないと答え、その理由に、子どものほうが楽だからと答えます。自分に対する肯定的感覚も、学年が進行するとともに減り、否定的にとらえる子が多くなってきます。いわゆる自己肯定感が低くなっているのです。現状は快適で楽だけれど、将来何をしてよいかわからない、つまり、目標を見失っているのです。

最近は、妙に大人びた小中学生が増えてきています。どんなに努力したって、せいぜい普通の生活しかできない。親の言うことを適当に聞いて、そこそこの学校を出て、そこそこ働いて、そこそこの生活をするという展望しか描けていません。

目標がないけれども、子どもの周りには楽しいもの、時間を忘れさせてくれるものが溢れています。テレビをはじめ、テレビゲーム、電話での友達とのおしゃべり、さらには、テレフォンクラブなど、自分ではあまり努力せずに楽しめるものがあります。これらのツールの特徴は、一つのものに飽きるころには、別のものが用意されることです。次から次へと新しい番組が始まり、新しいソフトが発売され手に入りますし、友達とトラブルがあれば、別の相手に替えることができます。

わざわざ、意見の違う人とコミュニケーションをとったり、苦労して何かを体験したり、ましてや勉強などに励むはずはありません。子どもが体験活動をしなくなったのは、周りに自然がなくなったからではなく、体験という苦労をしなくても、適当に楽しめる手段に事欠かないからです。深い人間関係を築けないのは、わざわざ苦労しなくても手軽に友人と表面的なおしゃべりを楽しめるからです。

では、一昔前の子どもと比べて、今の子どもが失ったものは何か、考えてみましょう。自然や遊び場が失われたと言われますが、公園は整備され、自然教室などが、少年の家や博物館、児童館で実施されています。自然が残っているはずの地方農村でも、外で遊ぶ子はめっきり減っています。少子化といっても、周りから子どもが消えたわけではありません。親にも、子どもにかかわる時間的ゆとりが生まれています。意志(やる気)さえあれば、体験活動・コミュニケーション活動をする条件は整っているのです。

子どもをめぐる状況の変化というと、具体的なモノや目に見える環境に目が行きがちですが、実は、子どもが自然の中で遊ばなくなった、テレビゲームばかりしている、友達といてもおしゃべりするだけ、家庭に帰ったらだらだらしている――このようになったのは、「社会的環境」が変化し、やる気を起こさせない状況に子どもが置かれているからではないでしょうか。

2　子どもが失ったもの

今の子どもが失ったものは、「欠乏感」と「具体的目標」です。

昔の子どもは、あまり豊かではありませんでした。欲しいものをすべて買ってもらうというわけにはいかないのです。住宅環境も豊かとは言えませんでした。だから、屋外で、いろいろなもので工夫して遊ばなくてはなりませんでした。

家族関係も違っていました。家族生活がだんだん豊かになっていく中、家族揃ってたまにおいしいものを食べる喜び、新しいモノが家に入った喜びなどで、コミュニケーションが深まりました。家族が豊かな生活を目指すことによって、家族の絆が自然とつくられていったのです。

また、自己肯定感は、目標に向かって何かを成し遂げたときに生じます。希望は、自分の努力が正当に評価されるはずだと感じたときに、抱けるものです。

そういう意味で、高度成長期の子どもたちは、自己肯定感や希望をもてる条件に恵まれていました。勉強して上の学校に行くこと、スポーツがうまくなることなど、具体的目標が外から与えられていたからです。もちろん、競争の過熱や、落ちこぼれる子という弊害はあったにしろ、多くの子どもの自己肯定感は保たれ、夢をもつことができました。

今の子どもは、到達すべき具体的目標がなく、努力してもこれ以上豊かな生活はできないと悟りきっています。今ある楽しみにふけることしかありません。これでは、自己肯定感や希望をもつことはできません。

実は、子どもが置かれている状況は、今の日本社会の状況に似ていないでしょうか。豊かな日本社会、しかし、次の具体的目標がない、その中で、目先の消費活動に走る、まさに、子どもの閉塞感は、大人が抱いている気分の反映と言えるのです。

3　目標を設定して努力する

では、対策はあるのでしょうか。

昔の貧しい生活に戻れと言っても戻れるものではないでしょう。昔のように、すべての子どもが、上の学校をめざして努力するという受験システムの復活も不可能です。もう、学歴の上昇余地はほとんどなくなっており、現に豊かな生活を送っているため、より上の学校、より豊かな生活と言っても、現実感がないのです。

これからは、それぞれの子どもが、自分で具体的目標を設定し、それを努力で実現するという生き方が、自己肯定感や希望を生み出すでしょう。その具体的目標はみんなが同じでなくてもいいのです。ボランティア活動でも、体験活動でも、子どもが望めば勉強でもかまいません。その子どもの個性と能力に合わせた目標設定ができるよう、親が適切な援助と指導を与えることがますます重要になっています。

親子関係はどうしたらいいのでしょうか。今の親は、昔に比べ、格段とものわかりがよくなり、やさしくなっています。家事を手伝えとか、勉強しろとはなかなか言わなくなりました。しかし、ものわかりがよくなるというのと、親子でコミュニケーションがとれていることは別です。昔は、貧しさが家族のまとまりを自然につくり出していました。しかし、豊かな社会になった今、コミュニケーションを積極的にとろうとしないと、親子だから、一緒に生活しているから、といって絆ができるとは限らないのです。

具体的目標を設定して、努力する。コミュニケーションを積極的に行う。このような活動から得られる喜びの方が、目先の楽しみにふける喜びよりも格段に人生を面白くする。この感覚を身につけることが、今後の日本社会をより楽しく生き抜くために、必要になってきているのです。

そのためには、まず親が自分で楽しいと思える人生を送っている必要があります。親が子どものモデルになるというのは、正しいのです。だからといって、立派で完全な親になれというのではありません。立派だけれども人生を楽しんでいない大人に誰がなりたいと思うでしょう。

自分で目標を設定して、いきいきコミュニケーションを楽しんでいる親の姿こそ子どものモデルとなるのです。ボランティア活動でも、学校の活動でもいいのです。その中に子どもを巻き込んでいくというのが、今後の親子のあり方ではないでしょうか。

親子リストラのシナリオ

1　子どものために主義

親が子どもに尽くすのは当たり前だろうか。長年、親子関係を研究してきて、いつもこの問題が頭から離れない。

一〇年前ほどから、成人した未婚の「子」と五〇、六〇歳代の親との関係を調査している。調査して驚いたのは、親と同居している二〇代の未婚の子どもの多くは、おそろしく恵まれた生活を送っているということである。われわれの調査では、食費として親に渡す金額は、一万円から三万円が最頻値であった。また同居している子どもの八割は、家事はほとんど親任せであった。つまり、親の建てた家の一室を占拠し、食事、洗濯など家事のほとんどは親にやらせて、収入のほとんどを小遣いとして使える生活を送っている若者が多数派となっていたのである（宮本みち子・岩上真珠・山田昌弘『未婚化社会の親子関係』有斐閣、一九九七年、参照）。これらの親同居未婚者を、親に寄生

（パラサイト）しているという意味で、パラサイト・シングルと呼んだのである。

もっと驚いたのは、子どもの生活を支えている親の意識である。親たちは、口を揃えて、「自分が若い頃した苦労を子どもには味わわせたくない」と言う。さらに加えて、「親として当然の気持ちでしょ」と私に同意を求めるのだ。子ども（二〇代半ば）が好きなことをするのにお金を出し続ける親は、「お金がないから自分のやりたいことができないというのはかわいそうじゃない」とのたまう。中には、「自分は不本意な結婚をせざるを得なかったから、娘には理想の相手と出会うまで家にいて待っていても構わない」という母親もいた。

2　欧米の親子関係との比較

自分のやりたいことを犠牲にしてまで学卒後の子どもに尽くすという親は、欧米ではめったにみられない。自分が若い頃した苦労は、子どもにも体験させなければと考える親が多いのだ。

例えば、高等教育の学費をみてみよう。アメリカでも高校までは親が面倒をみる。しかし、子どもが大学に行きたいと言っても、日本の親のように高額な授業料を喜んで負担したりしない。一部の大金持ちを除けば、子どもは、高校の時からバイトをして、学費を貯金する。そして、奨学金や親ではなくて自分で返す学費ローンを自分で申し込む。それでも足りないと親から借りるというのが、一般的である。自腹を切っているから、アメリカの大学生は、講義を聞くことに熱心なのだ。

日本では、人のお金で勉強するから、大学が面白くないと言ってサボっても平気なのだ。

家事も、同様である。日本では、受験勉強さえしていれば、家事は免除される。免除されるどころか、母親が夜食を作ったりするのが当然とされる。欧米では、家事は家族で共同して分担するのが当然と思われているから、子どもが大きくなるに従って、家事を当然のごとく分担させる。成人して同居なぞしていれば、家事の大部分をやらされたって文句はいえない。子どもにも、家族生活を支える責任感覚を身につけさせることが重要と考えているのだ。

日本の親は「苦労を取り除き、子どもに楽をさせることこそ親のつとめ」と思っているのに対し、アメリカでは、「子どもを自立させること、子どもに苦労に耐える力をつけさせること」が子育て方針になっているのがおわかりだろうか。

だからといって、欧米の親子関係が冷たいわけではない。総理府（旧）が行った親子関係の国際比較調査によると、子どもが小中学生の場合、親と子どもが室内で一緒に遊ぶ割合は、アメリカ六六％、日本二二％、一緒に散歩に行ったり公園などで遊ぶ親子は、アメリカ六〇％、日本二九％、一緒に家事をする割合は、アメリカ五七％、日本一六％である（総理府編『世界の青年との比較から見た日本の青年』）。アメリカの方が、はるかに、親子の共同行動が密なのだ、また、キスやハダなど、親子の身体的コミュニケーションは子が成人になっても日常的に行われている。アメリカの親子の方が、はるかに親子関係を楽しんでいる。

成人後の親子関係も似たような状況だ。日本では、別居して経済的に独立した途端、親子関係は希薄になる（別居しても、親が援助している場合は別）。アメリカでは、別居していても、誕生日や両親の結婚記念日に集まったり、手紙やプレゼントを交換することは常識である（もちろん、中には、仲の悪い親子だっている）。「子どものために何でもする」ことがなくても、いや、ないからこそ、親子間のコミュニケーションによって、絆を確認しようとするのだ。

日本の親の態度の違いには、愛情や家族の絆に関する考え方の差が反映していると考えられる。前回の「夫婦リストラのシナリオ」（本書V2章）にも書いたが、戦後日本に普及した愛情観とは、相互依存に基づくものであった。お金やモノやサービスで愛情は表現されるものと考えられてきたのだ。つまり、「――してあげること」が愛情がある証となったのである。

戦後日本では、親は子どもに「モノを買ってあげる」「個室を用意してあげる」「きれいな洋服を着せてあげる」「お稽古ごとに通わせてあげる」「大学の費用を出してあげる」ことが、親の子に対する愛情の証となった。子どもは、親の期待に応えて、「勉強してあげる」「よい学校に入ってあげる」「一流企業に入ってあげる（男子）」「高学歴の男性と結婚してあげる（女子）」ことが、親への愛情の印となった。つまり、親と子の役割が相互依存的であることによって、愛情が支えられていると思われている。

一方、欧米では、愛情関係とは、コミュニケーションで確かめるものと考える人が多い。プレゼントなどをすることがあっても、それは、コミュニケーションの表現手段の一つとしてあるにすぎない。もちろん、親が子を成人まで健康に育てるのは義務であり、本当に困っている家族がいれば、助けたいと思うのは、当然の感情とされる。しかし、子どものためにといって、好きなモノを買ってあげたり、楽をさせたり、学費を払ってあげたりすることは、過剰な援助とみなされるのだ。

もしかしたら、「子どものために」と成人になってからも援助し続ける現代の五〇、六〇歳代の日本の親の多くは、「親子の愛情」を信じていないのかもしれない。自己犠牲的に子にでも尽くさなければ、愛情深い親とはいえないという不安から生じる行動とみなせるのではないか。

このような形の、「子どものために主義」は、欧米的な意味での愛情とはいえないかもしれない。子どもに見捨てられることに対する恐怖心から来る脅迫的行動か、そうでなければ、子どもを自分の道具と見なした上での、「ペット」としてのかわいがり行動となっているのだ。親は、子どもを「お嬢さんやお坊ちゃん」に育てたことに自分で酔ってしまっているように思えてならない。

確かに、自分が若いころとは、まったく見違えるような「息子や娘」を育て上げたことは間違いない。親の話を聞くと「自分は若い頃はピアノなんて習えなかった、近所のいいとこの〇〇ちゃんだけ習っていてうらやましかった。その子は、いいところにお嫁に行った」とか、「自分はきょうだいが多くて大学まで行かせてもらえなかった。当時大学を出たやつは、すごいスピードで出世した」といったことが語られる。つまり、自分が過去、こう育てられたらいい人生が送れたに違いない、自分は無理でも、息子や娘にはいい思いをしてもらいたいという気持ちが伝わってくるのだ。

この感情は、実は、親の人生の自己否定であるといえる。夢を子どもに託すといえば、よい響きがするが、結局は、自分で満足する人生を送っていない不満を、子どもを身代わりに立てて、うさをはらしているとしか見えない。

3　子どものために主義の末路

拙書『パラサイト・シングルの時代』出版の後、依存しあった親子関係でなぜ悪いといった反論を受けるようになった。「誰にも迷惑をかけていない」「親が子どもの幸せを願って何が悪い」「依存し合うのは日本の伝統だ」など、手紙やメールが寄せられた。

依存し合うのは決して日本の伝統ではない。親が成人後も子どもの世話をし続けることは、もちろん、直接他人に迷惑をかける行為ではない。しかし、まわり回って、結婚をためらう人や大量のフリーターを産む温床になっていることは否めないのだ。

ピアノを習わせ短大まで出し大事に育てた娘には、(父親以上の)高学歴で高収入の男性が婿になってくれるはずと信じて疑わない。俺と違って、息子は大学まで行かせたんだから、父親以上の大企業に勤められるはずだと信じて疑わない。このような親の意識が伝染し、息子や娘にプレッシャーをかけるなら、社会だけでなく、子どもにとっても迷惑かもしれない。

別に欧米社会を持ち上げるわけではないが、親は、子どもを苦労に耐えうる自立した人間に育てることがつとめ。成人したら経済的に独立させる、そして、自立した同士で、コミュニケーションによって愛情を感じ合うという親子関係の方が、社会的にも生産的であり、楽しいと思えるのは私だけだろうか。
このような方向で親子の再編が進むことを願っている。

夢・教育・結婚

1　宝くじに託す夢

年末恒例のジャンボ宝くじ売り出しの日、あるテレビ局が、「三億円当たったらどう使いますか」という街頭インタビューを放映していた。中には「家族から解放されたい」という男性もいたが、高級住宅街に一戸建ての家か高級マンションを買って住みたいという回答が多かった。

何か違うぞと思い、講義中、学生に「三億円に夢」を書かせてみた。すると、「山を買いたい」といったユニークな回答も混じるが、やはり、素敵な家や豪華な海外旅行に人気が集まる。

終戦直後、宝くじの賞品としてタバコがあったことはよく知られている。生活に精一杯だった当時は、貧しさから逃れることが夢だったのだろう。そして、「広い住宅、家電製品に囲まれた便利な生活」を手に入れることが、高度成長期の人々の目標となった。

時は経ち、日本は五〇年前とは比べようもない豊かな社会になった。にもかかわらず、夢として語られるのが、「高級住宅」に代表される消費生活というのは、結局は他人から「うらやましがられてみたい」からではないか。

ある新興企業の経営者（四〇歳代）に、同じ質問をしてみた。彼は、即座に、年収一千万円で優秀な人を一〇人、三年間雇って、自分のやりたい事業を数倍のスピードで進めると答えた。生き生きと自分のやりたいことをしている人は、消費ではなく、夢を実現するプロセスに投資することを選ぶ。彼らにとって、目標を達成する過程が楽しくてしかたがないのだ。

一生楽に暮らせる生活は、果たして楽しい生活だろうか。私も、一度くらいは、人から「うらやましがられてみたい」と思う。だから、宝くじを買う人の気持ちはわかる。ただ、人からよく思われること以外に楽しみがないとしたら、それは物足りない人生に違いない。（二〇〇一年一月一六日）

2　入試と運

入試シーズンである。私も、国立大教官の端くれとして、共通一次時代からセンター試験の監督を一五年余り行っている。その間、国立の二校受験化や私立大の参加増など様々な変化があった。ただ、制度が変わるたびに、受験生の真剣度が下がっていると感じるのは、私だけだろうか。

最近のセンター試験の雰囲気は、よく言えばなごやかである。時間前まで友達とおしゃべりをする、回答し終わったら寝てしまう、試験中帽子をかぶっているなど、リラックスしている受験生が多くなってきた。

国立一校のみ、全教科受験の時は、緊張感が伝わってきた。試験に失敗すれば、受験校のレベルを下げたり、浪人を覚悟しなければならないから、気合いも入ったろう。

しかし、今は、受験の多様化と言われ、国立大学でさえ二回受験できるし、推薦入試もある。私立では、五回受験チャンスのある大学もある。

受験機会が多くなることはいいことだろうか。一定の点数をとった人がすべて合格という資格試験なら、受験生の利益になる。しかし、大学入試では、試験の回数が複数化しても、入学総定員が変化するわけではない。複数ある試験の上位の人が合格するとなると、各試験で中位の点数をとる受験生が結果的に落ちてしまう。ある受験生がかわいそうだからといって救おうとすると、別の受験生が不利になる。

一芸入試や自己推薦入試も同じである。それだけ定員が食われるわけだから、基礎学力をつけて、真剣に一般入試に望む受験生が損をする。

受験は運次第という意識が増えているような気がする。「勉強しているところがたまたま出たから受かった」という学生も多い。広くまんべんなく勉強すると落ちる。好きなところだけ勉強して、その部分が出た大学に合格するとなると、入試で計られるのは、学力でなく「運」ということになる。

センター試験の年二回化がとりざたされている。どちらか点数の高い方を採用するとなると、ますます、運頼みの受験生が増えるのではないかと懸念している。

（二〇〇一年一月三一日）

3　ゆとり教育

ご存じの方も多いと思うが、指導要領が改訂されて、二〇〇二年から学校の教育内容が易しくなる。小学校で言えば、三桁かける二桁のかけ算は削除されるし、円周率はおよそ三になる。中学校では、英語の授業時数や単語数が大幅削減される。

私が詳しく知っているのは、教育学部の先生であるからでも、特に興味関心を持っているからでもない。複数の塾から、子ども（と親である私）宛にダイレクト・メールが送られてくるからである。そこには、解説なしに、新指導要領の内容が示されている。暗黙に、「こんなやさしい内容では、お子さんの学力は伸びませんよ」「私立に入らないと将来が心配ですよ」と言われている気になるから不思議である。

全員が百点をとれるようにというが、新指導要領を作った人は、社会に子どもを送り出す親の不安や、学習意欲のある子どもの気持ちを考えたことがあるのだろうか。

公立学校で百点とれれば社会に出て行って十分やっていけるなら、いいだろう。しかし、今でさえ、計算能力や知識不足で大学教育や新入社員教育に苦労しているのだ。「教えられなかったんだから、三桁の計算できなくて何が悪い」と開き直られたら、どう責任をとってくれるのだろうか。

また、目標は、「やや高め」の方が意欲が湧く。子どもに楽をさせて、百点取ることは教育の目的ではない。全員百点とれる程度の内容では、できる子は確実にやる気をなくすだろう。文部科学省は、各公立学校、各先生が総合学習などで工夫すれば、やる気のある子どもにも対応できると考えているようだが、今でさえ教師は多忙である。公立校で、高度な学習に対応できる優秀な先生に当たるという「保証」はない。

かくして、子どもの能力を伸ばすことに熱心な親や、学習意欲のある子は、塾や私立校に頼らざるを得なくなる。公立学校ではゆとりができても、全体としてみれば、親も子もゆとりがなくなっていく。ゆとり教育には、そんなパラドックスが隠されていると思えてならない。

（二〇〇一年二月一六日）

4　母親の意見

ある女子学生が、母親の意見の変化についてレポートを仕上げてきた。彼女の母親は、小学校教師としてずっと共働きを続けてきた。女性であっても職を持ちつづけるべきだと子どもの頃から言われ続け、大学に進学した。学生となって勉学に励むうちに、国立大医学部に通うボーイフレンドができて、親に紹介した。すると、母親の態度が豹変したという。大学なんて行かなくてもよいから早く結婚しろ、お茶でもお花でもお稽古ごとの費用は何でも出してあげると言われるようになった。

彼女が驚いたのは、母親が意見を一八〇度変えるのに、何のためらいも感じられなかったことだという。昨日まで女性の自立を説いていたことについて言い訳をするわけでもなく、「医者の奥さんになれるなんてめったにあることではない」と夫に依存した生活を勧めるというその素直さに、かえって感心してしまったという。

逆のケースもある。ある女子短大生は、結婚して夫に養ってもらうのが女の幸せだと信じ切っていた。そのため、彼女のすべての努力は、収入の高くなりそうな男性に気に入られることに集中していた。

ところが、専業主婦で幸せに暮らしていたはずの母親が離婚してしまったという。母親の将来生活の不安を身近で見て、彼女は、将来に備えて稼ぐ能力をつけなければと就職活動に励み始めたのである。

女性が、結婚後、共働きするか専業主婦となるかは、一見「選択」できるようにみえる。その選択が可能なのは、「夫の収入が高くて、離婚されない」場合に限るのだ。そのような男性と結婚できる、離婚されるはずがないと信じるのは自由である。ただ、信じたからと言って、救われるとは限らない。娘にアドバイスする際は、その点を注意する必要がありそうである。

（二〇〇一年三月五日）

5　内申書

ある中学校の先生から、生徒会選挙の話を聞いた。その中学校では、どこかの国の首相ではないが、特定の塾内での「談合」によって生徒会の役員が決まるということである。塾の先生が、おまえは会長に、おまえは書記にと立候補させ、当選させる。

東京都立高校の入試では、内申書が重視される。最近は、特記事項とかで、ボランティアや生徒会活動といった項目が、入学判定で有利に働く。それゆえ、塾は通っている生徒の受験実績を上げるため、役員を決める。そんなことをする塾は一つだけなので、塾同士の争いは起きずに、すんなりと決まる。別に、違法なことをしているわけではないので、先生も知って知らぬふりをしている。

私は、ある会で、内申書重視の弊害として、このことを話したことがある。本来、自主性や積極性を評価する手段であった生徒会活動が、裏でこそこそ内申点を上げる手段と化していると。

しかし、先生方から強力な反論が来た。もし、内申書に反映しないと分かったら、受験勉強で忙しくなる三年生で、生徒会長に立候補する人が今時いると思うかねと言われてしまった。さらに、PTA活動だって、子どもの内申書に有利だと信じている親がいるから、やる人が出てくるし、普段の勉強だって、内申書という脅しがなければ、生徒がおとなしくしているとは思えないなどと、中学校の現実を教えられてしまった。

この事態は、大人の世界の反映かもしれない。ボランティア活動を評価したり、社会活動を表彰するなんてとんでもない。無償かつ無名の活動として人知れず行うのが、ボランティアの本義だと説いているが、現実には「周りから評価されなければやってもしかたがない」と思っている人は結構いるに違いない。評価がなければ、生徒会長やボランティア活動などやる人がいなくなる社会だとすると、何か哀しい気がする。

（二〇〇一年三月二一日）

6　授業料と学力低下

新入生がキャンパスを賑わす季節である。近年、わが学芸大学でも、現職教員課程や夜間大学院などを充実させ、教員を始めとして、主婦や退職者、キャリアアップ志望者などの受け入れを積極的に行うようになった。

社会人の方々が加わると、ゼミや講義の雰囲気が変わってくる。「現実はそんな理論的にいくものではない」などと叱られることもよくある。

最もとまどったのは、休講時の反応である。一般の学生は、講義が休みになると大喜びする。学生時代の私もそうだった。しかし、社会人学生たちは違う。用事で次回休講を宣言すると、けげんな顔をされたり、補講はないんですかと聞いてくる人もいる。

これは、授業料を、自力で払っている人と、親に払ってもらう人との差であると解釈した。家庭に迷惑はかけられないと、アルバイトで稼いだ中から授業料を払っている主婦の方がいれば、小遣いを削って学費に充てている現職教員の方もいる。彼らは、授業料のもとをとろうと必死に勉強する。授業が終わった後も質問をしたり、予習をしてくるのも社会人学生の方が圧倒的に多い。

国立大学といっても、年間五〇万円ほどかかる。講義一時間当たり、千円以上払っている計算となる。一回授業をサボれば、千円をどぶに捨てるのと同じなのだ。しかし、授業料を親に払ってもらっている一般学生は、人のお金だから、どぶに捨ててもまったく気にならないのだ。

アメリカの大学生は、一部の金持ちを除けば、年間一〇〇万円に達する学費を自分の責任で払う。大学に行きたければ、高校時代からアルバイトで貯金し、奨学金をとり、学費ローンを自分で申し込み、足りない分を親から借りる。コスト意識があるから、必死に勉強し、成績を上げて奨学金をとろうとし、何よりも、大学の教育内容に自分で注文をつける。アメリカの大学教育の質は、自分でお金を払う学生に支えられているような気がする。

大学生の学力低下の原因は、授業料を喜んで払う親にあるというのは極論だろうか。

（二〇〇一年四月五日）

7　技術の原理

SFの名作に、巨大宇宙帝国が新興小国に敗北するという設定のものがある（アイザック・アシモフ『銀河帝国の興亡』)。巨大帝国は、過去の蓄積によって進んだ技術や武器を持っている。しかし、現実にそれを使っている人は、修理もできなければ、その仕組みもわからない。ただ、与えられたものを使っているだけである。そのうちに、帝国は内部から腐っていき、衰退していく。

IT革命と言われ、パソコン、インターネットなど、新しい情報装置を使いこなす技術を身につけている若者が多くなった。メロディ付きのホームページなど軽々作成し、調べものもインターネットで行っている。

昔、私は、まず2進法を習い、コンピューターの中で実際に何が起こっているかを知った後に、プログラムを勉強させられた。今では、パソコン教育の現場では、原理はすべてとばして、「とりあえず使ってみましょう」「こんなに便利ですよ」というメッセージが送られる。

そこに危うさをみるのは、私だけだろうか。別にコンピューターを作れる必要はないが、使っているものの原理くらい習う場があってもいいのではないか。

ちなみに、私の周りの大学生(文科系)に、液晶とブラウン管の違いについて説明できるか聞いてみた、すると、液晶の方が薄い程度の知識しか持っていない。得意げに説明すると、どうして知ってるんですかと言われた。自分の使っているものの仕組みを知りたいと思わないのかと聞くと、知ってても役に立たないじゃないですかと返ってくる。

指導要領改訂後の教科書検定の結果、理科や数学で、その原理を詳しく説明したものが相当削られた。知っていても役に立たないからだそうである。三桁以上の計算には、電卓を用いる。そろばんと電卓は違う。そろばんの原理は目に見えるが、電卓はそうではない。原理を教えずに、使い方だけ知って、それが新しい技術の習得であると肯定するのは、少し違うような気がする。

（二〇〇一年四月二〇日）

あとがき

一九九九年に『パラサイト・シングルの時代』（ちくま新書）、『家族のリストラクチュアリング』（新曜社）を続けて出版し、幸運にも大きな反響がありました。多くの方から感想、意見、反論を手紙やメールでいただいたり（中には匿名で「殺してやりたい」というぶっそうなものもありましたが）、研究者や評論家、記者の方から、紙上でほめられたり、批判されたりしました。また、講演や取材依頼が増え、その中で、「今後パラサイト・シングルはどうなる、日本家族はどうなる」という将来予測や、「個人的にどうすればよい、政府はどのような対策を立てればよい」といった処方箋を聞かれることが多くなってきました。特に、外国人記者には鋭い質問を浴びせられることが多く、「今の日本社会の女性差別的状況で、学歴がないパラサイト・シングル女性は結婚に期待する以外、何をすればいいんだ」と詰め寄られたこともありました。

アメリカの著名な家族史研究者であるステファニー・クーンツさんも、一九九二年に『家族という神話』（岡村ひとみ訳、筑摩書房、一九九八年）を出版した後、講演や対談に引っ張り出されるたびに、救済策を求められて困ったという話を書いています（Stephanie Coontz, 1997, *The Way We*

Really Are)。家族研究者として、現状を分析して説明すれば十分というわけにはいかず、「将来予測」や「処方箋」を提案しなくてはならない立場になったと自覚してみたものの、私に正確な将来予測ができたり、特効薬となるような処方箋が思い浮かぶわけではありません。これをやれば家族はうまくいくという方策があれば、私以外の人がとっくに考えついて、大ベストセラーとなっているでしょう。私が強調したいのは、そんな「うまい話」はあるわけないということですから。

そこで、原稿を依頼されるたびに、現状分析だけでなく、「将来こうなるだろうという方向性」や「今の時点ではこれをやるしかないという個人的対策・社会的政策」をなるべく打ち出そうとしました。本書に収められている評論の中に、多少ともその苦闘の跡を感じていただければ幸いです。

何点か書いていているうちに、勁草書房の町田民世子さんの目に止まり、とにかく早く出版しないかとご提案があり、まとめたのが本書です。ここには、一九九九年から二〇〇一年前半に書いた評論のうち、主なものが収められています。

町田さんはもちろんのこと、出典雑誌、新聞に書く時にたくさんの出版社や機関の編集者、記者の方々にお世話になりました。ここですべてのお名前を出すことはできませんが、特に、文藝春秋社の井崎さん、そして、生命保険文化センターのみなさまには、たびたびご依頼やアドバイスをいただきました。みなさまに、紙面をお借りしまして、お礼を申し上げます。

二〇〇一年九月一〇日

山田　昌弘

初出一覧

はじめに――家族の戦略的思考のすすめ　　書き下ろし

I

選択的絆がはらむ可能性と問題　　毎日新聞　2001年4月16日

家族の不確実性の再来　　原題「世紀末家族と日本社会」　『神奈川大学評論』37号　2000年

家族というリスク　　『くらしと保険』336号　2000年　生命保険文化センター

家族の変化と生活設計の危機　　原題「高齢期の家族をとりまく変化と生活設計」　『JILI FORUM』9号　2000年3月　生命保険文化センター

II

パラサイト・シングルの時代　　『Voice』1999年8月号　PHP研究所

不良債権化するパラサイト・シングル　　原題「不良債権化するパラサイト・シングルと日本の若者の将来」『長寿社会レポート』19号　2001年1月　サンセイ長寿社会研究所

パラサイト・シングルVSフェミニスト　　『中央公論』2000年10月号　中央公論新社

若者の自立をサポートする社会環境を　　原題「自立は損という社会システムがパラサイト・シングルを生み出す」『日本の論点2001』2000年　文藝春秋

非現実的な夢，分別あるあきらめ　　『本』2001年1月号　講談社

III

夢見る使い捨て労働力としてのフリーター　　原題「フリーター200万人に明日はないさ」『文藝春秋』2001年7月号　文藝春秋

フリーターの理想と現実　　『JILI FORUM』10号　2001年4月　生命保険文化センター

豊かな親が若者の失業問題を隠蔽している　　『労働研究雑誌』2001年4月号　日本労働研究機構

Ⅳ

専業主婦の黄昏　　原題「警告／『専業主婦』は絶滅する」『文藝春秋』2001年2月号　文藝春秋

曲がり角の専業主婦　　東京新聞　2000年1月24日夕刊

経済環境の変化と女性の運命　　原題「家族の経済環境の変化と女性の運命」『ESP』2001年4月号　経済企画協会

Ⅴ

恋愛自由化の代償　　原題「戦後日本の恋愛はいかにして変化したか」『PSIKO』8号　2001年5月　冬樹社

夫婦リストラのシナリオ　　原題「家族の再編・上　夫婦を考える」『生活の設計』2000年夏号　金融広報中央委員会

ご機嫌をとるのは，男，それとも，女　　原題「男にとって女は不可欠，女にとって男はいたらいいけどいなくてもよい」『アディクションと家族』17-4　2000年12月　ヘルスワーク協会

Ⅵ

教育に希望がもてなくなる時　　原題「少子化時代の教育」『都市問題研究』2001年7月号　大阪市総務局総務部行政企画課

豊かさの中で目標を見失う子どもたち　　『図説　小中学生は今』2000年　日本女子社会教育会

親子リストラのシナリオ　　原題「家族の再編・下　親子を考える」『生活の設計』2001年春号　金融広報中央委員会

夢・教育・結婚　　『神戸新聞・随想』2001年1月-4月

著者略歴

1957年　東京に生まれる
1986年　東京大学大学院社会学研究科博士課程単位取得退学
現　在　東京学芸大学教育学部教授／家族社会学・感情社会学専攻
著　書　『近代家族のゆくえ』新曜社，1994年
『結婚の社会学』丸善ライブラリー，1996年
『未婚化社会の親子関係』（共著）有斐閣，1997年
『パラサイト・シングルの時代』ちくま新書，1999年
『家族のリストラクチュアリング』新曜社，1999年
『恋愛と性愛』（共編著）早稲田大学出版協会，2002年
『希望格差社会』筑摩書房，2004年
『迷走する家族』有斐閣，2005年，ほか

家族というリスク

2001年10月15日　第1版第1刷発行
2006年 3 月25日　第1版第6刷発行

著　者　山《やま》田《だ》昌《まさ》弘《ひろ》
発行者　井　村　寿　人

発行所　株式会社　勁《けい》草《そう》書　房

112-0005 東京都文京区水道2-1-1　振替 00150-2-175253
（編集）電話 03-3815-5277／FAX 03-3814-6968
（営業）電話 03-3814-6861／FAX 03-3814-6854
大日本法令印刷・鈴木製本

ISBN　4-326-65259-4　　Printed in Japan